I0423511

Hipérbola Janus

Emmanuel Małyński

La modernidad y el Medievo

Reflexiones sobre la Subversión y el feudalismo

Prólogo y traducción por
Ángel Fernández Fernández

La modernidad y el Medievo
Reflexiones sobre la Subversión y el feudalismo

Extractos de la obra: *Éléments de l'Histoire Contemporaine*
Emmanuel de Małyński, París, 1928

🌐 www.hiperbolajanus.com
✉ hiperbolajanus@gmail.com
🐦 @HiperbolaJanus
⬛ HiperbolaJanus

Primera edición: abril 2015
ISBN-13: 978-1511913317

Diseño de portada y maquetación: Miguel Ángel Sánchez López

Ejemplar impreso bajo demanda.

Consúltese las atribuciones de las imágenes en el apartado «Atribuciones de las imágenes»

Este libro se ha desarrollado íntegramente con software libre de código abierto.

Índice general

Prólogo

Por Ángel Fernández Fernández

PRESENTAR un libro como el que vamos a dar a conocer en las siguientes páginas, es una tarea complicada a la par que polémica, palabra está última que cobra todo el sentido e intensidad del término cuando la asociamos a nuestro autor: Emmanuel de Małyński, un personaje envuelto en el misterio y condenado, parcialmente, al olvido pese a la labor intelectual desarrollada a lo largo de su vida y reflejada en muchas de las obras que acabó publicando.

En un principio, y sin conocer los antecedentes previos ni la trayectoria vital del autor, acometer la traducción de la presente obra fue una acción de descubrimiento, dadas las referencias indirectas con las que contábamos y de las que éramos ya conocedores. Julius Evola fue el introductor del pensamiento de Małyński en la escena intelectual e ideológica de la Italia de entreguerras, y fue a través de las sucesivas colaboraciones que tuvieron lugar entre el Conde de Małyński y Evola, las que dotaron a éste último de una fuente de inspiración y unos recursos intelectuales a través del Diorama Filosófico, revista donde ambos colaboraron. No en vano, esta simbiosis intelectual era fruto de unas afinidades, al mismo tiempo, y unos mismos orígenes aristocráticos, y por ello una similar cosmovisión, de la preeminencia de valores jerárquico-cualitativos y la conciencia de la modernidad como el mal absoluto, como una inversión descendente del ritmo de los tiempos, como una etapa de resistencia, acción y un cierto replegamiento interior. De todos modos nos resultaría una tarea hartamente compleja, el desentrañar hasta qué punto la influencia de Małyński sobre Evola resultó decisiva, o el alcance que ésta tuvo en el periodo formativo del autor romano antes de la publicación de *Rebelión contra el mundo moderno* (1934), la obra monumental más importante y relevante en la historia del pensamiento tradicional.

No obstante, y pese al oscurantismo y misterio que se cierne sobre la trayectoria de la figura evanescente del Conde polaco Emmanuel Małyński, poseemos algunos datos biográficos, que a través de la firma de H. Koussis nos proporciona un somero conocimiento de los orígenes y trayectoria nuestro autor, tal y como reza en la propuesta de prólogo de *La Guerra Occulta*, una obra de la que el autor polaco junto a León de Poncins es co-autor, en una edición italiana del año 1961:

> «El Conde Emmanuel de Małyński, fallecido en Lausana en 1938, había nacido en la Polonia rusa. Hombre no sólo de una vasta cultura, sino también de acción (fue piloto y aviador de primera hora, conocido esgrimista, deportista y explorador) y no hubo rincón del mundo que no hubiese visitado y estudiado. Católico de formación estrictamente aristocrática y feudal, escrutó la esencia del fenómeno revolucionario y de los procesos concomitantes que de éste se derivaron, aplicando a tal estudio una inteligencia de una lucidez casi visionaria.

> Después de haber huido de la catástrofe rusa, el Conde de Małyński, debilitado por una grave operación, confiaba al Vizconde francés Léon de Poncins el encargo de utilizar el vasto material por él recopilado para continuar su obra»

De este escueto fragmento biográfico que nos ha sido legado, es fácil deducir que el Conde de Małyński representaba una corriente de ideas y posicionamientos intelectuales muy diferentes a los asumidos en su época por la intelectualidad convencional. Desde unas posturas católicas no exentas de una cierta radicalidad, aderezadas por la potencia y el valor de perennidad que otorgan el revestimiento de un cristianismo medieval y combativo, somete a análisis los procesos que condujeron a la configuración de la modernidad. Y esta es una tarea que acomete no sólo en la obra que nos disponemos a presentar, sino en su amplia y desconocida bibliografía, entre la que destacan varios títulos tales como: *Capital Et Propriété*, *Le Systeme Economique De L'Avenir* o *La Gauche Et La Droite*, entre algunas otras obras y multitud de artículos, como los que surgieron de su colaboración con Evola durante sus últimos años de vida, tales como: *La Grande Guerre Sociale*, *Pour Saveur l'Europe*, *Le Grande Conspiration Mondiale* o *La Démocratie Vitorieuse*, que junto con el presente texto de este libro que nos disponemos a presentar, también llegó a componer una obra compilatoria bajo el título de *Les Éléments de l'Histoire Comtemporaine*. Ésta obra, al mismo tiempo, pretendía ser parte de un proyecto, todavía más vasto, bajo el título original de *La Mission du Peuple de Dieu*, en lo que Małyński concebía como una reflexión sobre el devenir histórico y espiritual de los pueblos de Europa desde la irrupción de la modernidad, considerada desde su simbólico inicio en 1789, aunque para Małyński eran los decenios centrales del siglo XIX los decisivos en la maduración final del liberalismo y las democracias europeas de su época, hasta la década de los años treinta, época en la que viviría sus últimos años de vida.

Desde una perspectiva global, y remitiéndonos ya a la obra que nos ocupa, publicada originariamente en 1928, es evidente la impronta de una cierta concepción providencialista, al tiempo que maniquea, de la historia contemporánea. De hecho vemos planteadas, de forma un tanto engorrosa y confusa en ocasiones, las dicotomías derivadas de una concepción tal de la historia a través de las antítesis entre el bien y el mal, la Verdad y la mentira o las fuerzas de una hipotética reconstrucción tradicional y aquellas que pertenecen a la Subversión. Todas estas contradicciones encuentran un punto de encuentro y comunes concurrencias que abarcan múltiples acontecimientos y hechos que, pese a poder resultar confusos y, co-

mo bien decíamos, contradictorios, tendrían una segunda lectura y
una intrahistoria que podrían llegar a romper los esquemas mentales y visiones preestablecidas del investigador u observador más
perspicaz.

La tesis fundamental que nuestro autor desarrolla en la presente
obra, es la progresiva ruptura que se opera en la Europa contemporánea, desde la unidad de sus bases espirituales y existenciales más
profundas, a través de una compleja amalgama de movimientos y
corrientes de pensamiento que, en realidad, serían meros instrumentos al servicio de una única y gran conspiración lanzada, en el
devenir de los siglos, contra las estructuras tradicionales legadas por
el Medievo y liquidadas de un plumazo por la acción revolucionaria
de 1789. Estos instrumentos, todos ellos perfectamente coordinados
por una matriz superior, serían los que se desarrollarían mediante
la acción de las reformas constitucionales o la puesta en marcha de
todo el aparato burocrático y administrativo de los Estados modernos, consagrados en la tarea de subvertir todo criterio de jerarquía,
cualidad, así como en la destrucción de cualquier valor o principio
asociado a la acción de éstos. Es la masonería, el nacionalismo o el
militarismo, a través de la imbricada acción global del Capitalismo
la que Małyński denuncia en las páginas que siguen a continuación,
y las que lejos de representar una contradicción entre ellas tendrían,
en sus objetivos y resultados finales, una postura coincidente.

No se trata de un combate convencional, como el librado por
las naciones que se enfrentaron en la I Guerra Mundial, bajo la influencia de intereses de hegemonía nacionalista, económica o militar,
sino de una guerra librada en un plano trascendente y metahistó-
rico, y de hecho ese mismo sentido providencial es anunciado por
el propio Małyński en las primeras páginas de nuestra obra: «*Este
objetivo se presenta más difícil de cuanto pueda parecer a primera
vista, en la medida que nosotros no nos referimos a la historia entendida como ni enumeración de hechos ni, al mismo tiempo, como
una valoración documentada e inmediata de éstos últimos, sino a
la meta-historia, a la comprensión en profundidad de la historia.*»
El punto de referencia es siempre es un cristianismo tradicional que

hunde sus raíces en el mismo Medievo, articulado como una Cosmovisión trascendente capaz de abarcar todos los ámbitos de la vida y acción de los individuos concretos, de ritualizar y sacralizar cada experiencia particular y colectiva de individuos y pueblos, y que representa una fuente de inspiración y referencias continuas frente al mundo moderno, su antítesis, donde Małyński identifica un conglomerado de fuerzas, a las que ya nos hemos referido, donde, según su postura, el sionismo y el capitalismo representarían su matriz originaria, que desde sus múltiples y incontables ramificaciones, habría lanzado su cruzada global contra la propiedad personal, los valores de Personalidad, de jerarquía o legítima autoridad, además de la desacralización de cualquier elemento anterior a la Revolución Francesa, especialmente si éste se relacionaba con los elementos orgánicos y comunitarios conectados a la Edad Media, condenada por los Iluministas y enciclopedistas franceses de la época al ostracismo de las edades más oscuras.

Paralelamente, y lejos de las hipotéticas etiquetas o afinidades ideológicas que podríamos atribuir a Małyński, sobre todo por su oposición a las democracias liberales y el capitalismo, desde una férrea defensa de los valores espirituales y la Tradición, éste no simpatizaba con el fascismo o los movimientos análogos de la época, que no representaban, en ningún caso, su fuente de inspiración directa, ni tampoco mostró adhesión alguna a sus principios. De hecho el nacionalismo, uno de los puntales básicos en el discurso tanto del fascismo como del nacionalsocialismo, fue objeto de críticas por parte de nuestro autor polaco, dado que veía en ellos una forma de fragmentar y dividir a los pueblos, de condenarlos a una eterno enfrentamiento y enemistad, coincidiendo con los propósitos marcados por las fuerzas de la Subversión mundial, y convirtiéndose, de esta manera, en un apéndice más de aquellos utilizados por las fuerzas disgregadoras de la modernidad. El nacionalismo moderno, al fin y al cabo, también era un producto genuinamente moderno, una creación de la Revolución Francesa, que había encontrado en el Romanticismo y las sucesivas revoluciones liberales, un vehículo perfecto para su difusión por Europa, y este es el fenómeno que Mał-

yński califica como «primavera de los pueblos» y que no respondería
a un despertar de las conciencias colectivas de los pueblos, sino a un
proceso deliberadamente planificado y conducido, sin dejar nada al
azar, y con el mismo propósito de desatar las fuerzas de disgregación
y destrucción de los vínculos naturales y tradicionales de los pueblos. Frente a estas formas de nacionalismo jacobinas y burguesas,
Małyński hace una especie de llamada a un ecúmene de las naciones Europeas para liderar un frente contrario a la subversión, que
en la época en que fue concebida la presente obra, recordemos que
su publicación originaria data del año 1928, agregaba el «peligro del
bolchevismo», donde Małyński veía claramente la acción directa de
las fuerzas modernas de la Subversión y una conexión directa con
aquella revolución de 1789, que con su acción destructiva venía a
complementar.

Para finalizar, queremos reiterar la iniciativa de Hipérbola Janus
por presentar a autores inéditos afectos a una visión tradicional y
antimoderna del mundo sin obviar la existencia de expresiones o jui-
cios de valor por parte del autor que nos ocupa que, evidentemente,
no son de nuestro agrado o que incluso pueden resultar malsonantes
o hirientes, y de los cuales es responsable únicamente el autor, que
es quien hace suyas esas opiniones, no Hipérbola Janus. Nuestra
intención es, única y exclusivamente, dar a conocer autores cuyo
discurso tenga una base Tradicional, antimoderna y Trascendente.

Solo nos queda recomendar al lector que tenga la oportunidad
de leer la presente obra, que tenga en cuenta el contexto histórico
y las distintas variables e ideas que Małyński nos transmite en el
presente escrito y sea capaz de extraer sus propias conclusiones.

Los elementos de la historia contemporánea

Capítulo I

Introducción a la historia contemporánea

COMENZAMOS la parte más compleja del objetivo que nos hemos impuesto: el estudio de la historia contemporánea. Este objetivo se presenta más difícil de cuanto pueda parecer a primera vista, en la medida que nosotros no nos referimos a la historia entendida como enumeración de hechos ni, al mismo tiempo, como una valoración documentada e inmediata de éstos últimos, sino a la meta-historia, a la comprensión en profundidad de la historia.

Considerada bajo esta visión, la historia se presenta como una concatenación de causas y de efectos no solamente físicos y materiales, sino igualmente mentales, sentimentales, espirituales e incluso psíquicos. Los dos elementos que escapan a la investigación de lo histórico, de lo físico, de lo filosófico y de toda investigación «profana» son la causa primera y el efecto último. La primera causa de que no sea un efecto y efecto último que no se identifique con una causa no es otro que Dios, porque Él es el Ser; el verbo ser, cuyo significado auténtico no alcanzamos a concebir, así como se nos escapa la eternidad, con cuyo concepto Él se confunde — no el devenir, en el cual nosotros vivimos y más allá del cual no estamos en condiciones de ver. En la historia, como en todas las cosas, conocemos solamente causas que son efectos de otras causas, y efectos que son causas de otros efectos. Solo el Profeta vislumbra el efecto en la causa: y el nombre del Profeta deriva del hecho de que la masa lo considera como dominio de la Profecía, pero a menudo es imposible aferrarse al efecto producido por la causa eficiente, la «causa causante» entre las numerosas causas contingentes.

Cuando tomamos en consideración un acontecimiento cualquiera de la historia pasada, antigua y moderna, tenemos a disposición dos términos para definir la naturaleza: la causa que lo ha determinado y los efectos resultantes. La incógnita que debemos despejar es la naturaleza verdadera de este hecho. Pero cuando tenemos ante nuestros ojos un acontecimiento de la historia contemporánea, para determinar la naturaleza y el valor no disponemos más que de un único elemento: la causa (o aquello que nosotros suponemos como tal). Sería como querer esbozar, en la geometría descriptiva, una figura en el espacio utilizando solamente dos dimensiones, en lugar de tres: también en este caso la valoración resultaría menos exacta, ¿no es el hecho sino una especie de figura en el tiempo, de la cual el observador ordinario —y con mayor razón el narrador de profesión— no capta más que la sombra, la proyección, los trazos llevados sobre planos subjetivamente inclinados? Aquí se demuestra la razón de la dificultad de tratar desde un criterio objetivo los acontecimientos históricos contemporáneos. Pocos son, en realidad, aquellos que se preparan para un objetivo de tal complejidad: y si lo hacen prefieren atenerse a hechos simples, es decir, a los efectos, que resultan insuficientes cuando se quiere avanzar hacia los diagnósticos más exactos. Sin embargo, pese a que todos ellos se atreven a desafiar tal ámbito, merecen indulgencia.

No obstante, parecería verdad lo contrario de lo que hemos dicho: de hecho, para la historia contemporánea, los documentos son mucho más numerosos y, más allá de éstos, disponemos también de testimonios personales. Los actores que han interpretado los papeles en primer y segundo plano se encuentran entre nosotros, pero no hemos sido capaces de encontrarlos: ciertamente no se trata de personajes a los que les guste enfundarse con togas o enjaezarse de hierro — en definitiva gente cuya mentalidad nos resulte lejana.

Al final, ¿no son quizás nuestros ojos y oídos los documentos más auténticos? Pues bien, ¡no! Nuestros ojos y nuestros oídos son los documentos más falaces, y he aquí la prueba: un mal estudiante, estudiando historia, alcanza a comprender el significado de la guerra del Peloponeso, ¿pero cuál es el profesor que comprende el sentido de la gran guerra europea[1], de la cual hemos celebrado el décimo aniversario? Si la ha vivido o si está sentado frente a la mesa de cualquier conferencia, la comprenderá todavía menos. Si él no es un rabino iniciado, la entenderá a la manera del holgazán —tal vez inteligente— que está convencido de conocer la gran ciudad, sus dimensiones, su planimetría, su historia, su mentalidad, sus características intelectuales y morales, solo porque merodea por una calle que desemboca en otra.

La mayoría de los hombres, frente a los cuales —¡Ay de mí!— el Talmud tiene justa razón de pensarlos como los piensa, ha creído ciegamente que esta guerra ha sido combatida para la liberación de los pueblos, que la ruina del Zar había sellado la liberación de los rusos, aquella del Kaiser la liberación de Alemania, que la excepcional sustitución de los patanes, de los analfabetos, de los trombones, de los granujas e intrigantes, de los reyes, de los ministros y sus tradicionales colaboradores haya sido querida para la paz y felicidad del género humano. Muchas personas honestas, cualificadas e iluminadas, han compartido estas opiniones insensatas. Y en el transcurso de un solo decenio muchas cosas han sido ya reconsideradas. Si los viejos permanecen todavía esclerotizados en sus consideraciones democráticas, que están acostumbrados a identificar con la vía del progreso, los espíritus más agudos de las nuevas generaciones no tienen ningún reparo al constatar que este fetiche, esta panacea de todos los males, ha caído literalmente en la bancarrota, ante cualquier intento que se haya hecho para realizarla. Entonces se empieza a mirar de frente a los acontecimientos, de manera más histórica y menos histérica, y a sentir, de una manera quizás todavía inconsciente —tan profunda es la inercia cerebral— antes de constatarlo de forma consciente, que nunca se ha estado más lejos de la liber-

---

[1]Emmanuel Małyński se refiere a la I guerra mundial (1914-1918)

tad, de la igualdad, de la justicia, de un sentido de humanidad y
hermandad, como en medio de la orgía de las repúblicas y las democracias de nuestro tiempo, de los socialismos enredados con los
capitalismos.

Ya hemos observado[2] cómo la Revolución Francesa, que es solo el
comienzo de la revolución «*tout court*», preparada por la literatura
del siglo XVIII, había puesto en marcha a todo tipo de aberraciones
contemporáneas; similares a un incendio oculto que devora bajo tierra las raíces de los árboles sin aparecer en superficie, ella se había
incubado, a traición, bajo el suelo de la Restauración Francesa, del
Feudalismo austro-germánico y del tradicionalismo británico hasta
la mitad del siglo XVIII. De hecho, en esta época, como si una palabra de orden (o de desorden) hubiese sido pronunciada por una
voz misteriosa que los historiadores oficiales ignoran o fingen igno-
rar, todos los tronos de Europa temblaron y con ellos las venerables
instituciones que habían tenido la razón en el asalto de los siglos.

Después de cincuenta años de incubación, la subversión, bajo el
nombre del liberalismo, estalla contemporáneamente en todo lugar,
sobre un terreno intelectual adecuadamente preparado, y se ha tenido así la segunda edición de la Revolución. Desde entonces tuvo
lugar el inicio de una nueva época en la historia.

La democracia liberal es igualitaria, hasta aquel momento parecía prácticamente exclusiva de espíritus sediciosos y progresistas
—es decir, de los subversivos— y se preparaba para convertirse de
una vez en aquello que nadie contesta más, de aquello que nadie
más se maravilla en todos los países civilizados. Una nueva subversión estaba en proceso de ver la luz, una subversión que estaba en
aquella precedente, como ésta última estaba en el *ancien régime*, y
que habría considerado la democracia liberal igualitaria como una
doctrina retrógrada y reaccionaria.

Tal progresión se hacía necesaria para no atacar demasiado bruscamente la inclinación secular de los ánimos. El espíritu primordial
de Rebelión, sometido desde el origen de los tiempos al espíritu de

---

[2]Emmanuel Małyński - Leon De Poncins: La guerra occulta, traducción italiana, Milán, 1961.

Autoridad y de Orden, se considera patrón del Tiempo y no quiere comprometer el éxito definitivo que cree tener en sus manos: he aquí por qué su ministro terreno, el sionismo, actúa sólo de esta manera, para dirigirse hacia el fin último, sin los riesgos que habría corrido en el caso de una excesiva aceleración.

Hacia la mitad del siglo XIX, justo en el momento en el que los regímenes representativos, llamados liberales, constitucionales e incluso republicanos, destronan a las monarquías legítimas, justo en el momento en el cual las monarquías no son ya sino «por la voluntad de la nación» y no «por la gracia de Dios» aparece en escena la tercera andanada revolucionaria: el socialismo. El denominador común de este cúmulo de doctrinas es el anonimato político, económico y social. Por lo tanto la fórmula no es nueva. Ya ha sido dada por aquel que la Revolución Francesa reconoce como padre: por Rousseau en el contrato social: «La libertad consiste en la alienación total de todo individuo inserto en la sociedad junto a todos sus bienes, en beneficio de la comunidad».

Esta fórmula es, textual y teóricamente, una fórmula esclavista, y se encuentra en las antípodas de aquello que el buen sentido común califica con el apelativo de «liberal». Esta etiqueta demente se puede endosar indiscriminadamente a todas las formas de subversión contemporánea: no sólo a todas las formas de comunismo, de socialismo de Estado, de anarquía, de sindicalismo, de populismo, de radicalismo socialista etc., sino, sin temer incurrir en un error, también el capitalismo moderno, que al igual que sus adláteres, también en las universidades, tienden a identificar con la reacción, viendo en éste a un aliado de la monarquía y, a menudo, incluso al legítimo heredero del feudalismo medieval.

Hay solo un matiz de nivel. En el capitalismo, en el lento camino hacia una preparación prudente del espíritu humano del concepto «todo-en-común», el individuo propietario, así como la propiedad debidamente limitada en el espacio, ceden ya en el tránsito hacia un colectivismo anónimo. Éste último se yergue a tutela y providencia impersonal de los individuos en un cierto sentido absorbidos por los bienes materiales y hasta aquel momento distintos en la esfera propia de cada uno de ellos.

Ya con el capitalismo moderno tiene inicio la socialización de la propiedad y la renuncia impuesta al individuo en su función de ser personal, directo y responsable. Este proceso, aunque declarado oficialmente voluntario, no es, por así decir, obligatoriamente automático. El socialismo solo deberá aprovechar el terreno psicoeconómico de tal modo preparado, solo deberá llegar a ser la generalización obligatoria del mismo principio.

El capitalismo no ha «despersonalizado» solamente al propietario socializándolo, no solamente ha «desviado» y «despersonalizado» la propiedad, socializando también a ésta: más allá de esto, con el mismo sistema, ha «desviado» y «despersonalizado» al servidor y al dependiente. De hecho, con estos últimos ha compuesto una entidad contemporánea, nunca conocida hasta ahora, que responde al nombre de proletario: La unidad anónima del Trabajo — en la misma medida en la cual el accionista, el comanditario y el acreedor constituyen la unidad anónima del capital.

Desde entonces, dos anonimatos —el capital impersonal e individualmente irresponsable, y el Trabajo, en la misma medida impersonal e individualmente irresponsable— se han puesto el uno contra el otro. Tanto el capital como el trabajo no podían inclinarse, por la fuerza de las cosas, ante la ubicuidad internacional, aquello que más tarde se llamará internacionalismo, desde el momento en que ambos habían perdido todo contacto directo con la tierra y la matriz natural del nacionalismo.

Por efecto del carácter necesariamente automático de los dos engranajes, surgirá no solamente el anonimato de los dadores de trabajo y aquel de los dependientes, sino también el anonimato de los explotadores impersonales, irresponsables e individualmente incomprensibles, frente al anonimato de los explotados, también ellos totalmente impersonales, irresponsables e incomprensibles — donde el explotador siempre fue, por la fuerza de las cosas, el engranaje automático económicamente más fuerte: aquel del Capital.

Mientras tanto, en la misma época, el igualitarismo personal e individual se había convertido en un dogma impuesto por la democracia triunfante en casi todos los países europeos. Aunque fuese con leves matices, todos tendían ineluctablemente al sufragio igualitario, universal, directo, secreto y proporcional en el ámbito del principio electivo. A excepción de Rusia, todos, a partir de la segunda mitad del siglo XIX, seguían la pendiente fatal de este desarrollo. Los más dañinos sofismas democráticos, inoculados en el espíritu humano por los Enciclopedistas del siglo XVIII, por el Iluminismo de Baviera, y por la Alta Vendita y otras conspiraciones secretas del siglo XIX, socavaban lentamente los principios milenarios de la sociedad. También las mentes más refractarias acababan siguiendo esta dirección bajo el pretexto de que era el Progreso lo que se presentaba ante ellos, como un río cuya corriente no se podía remontar. Exactamente como en la revolución capitalista, el principio de esta segunda revolución —distinta pero paralela respecto a la primera— era el impersonalismo: tanto político como económico.

Con desprecio hacia la sabiduría de los siglos, hacia la lógica más elemental, el buen sentido y la experiencia cotidiana del hombre, el criterio del bien y el mal, de lo verdadero y lo falso, en este singular progreso del espíritu humano, estaba constituido por el Número, por la mayoría anónima e irresponsable de votos supuesta y arbitrariamente iguales y, en consecuencia, igualmente cualificados en materia política. Quien se detiene ante la afinidad de estas tres revoluciones paralelas, entiende el inicio y la caída.

En la revolución económica, bajo el signo del capitalismo, es la minoría la que se revela con mayor fuerza, tratando de convertirse progresivamente en el elemento explotador, acaparador y opresor, en virtud del Número anónimo, impersonal e irresponsable.

En la revolución política, bajo el signo de la democracia, es exactamente lo contrario y es cada día más evidente, gracias a las Cifras y a otros Números —también ellos anónimos, impersonales e irresponsables— porque aquí la mayoría no es sólo la más fuerte, sino que se erige como déspota infalible de las constituciones políticas europeas y, en consecuencia, como elemento explotador, acaparador y opresor. El asno coronado como rey de la democracia, en todas partes victoriosa y triunfante y, al mismo tiempo, la bestia de carga del capitalismo, en igual medida victorioso y triunfante. Ellos son el rey porque representan el Número en virtud del principio democrático de la Igualdad individual, donde el dos, sin fallar a las cualidades, es siempre dos veces uno; así como es bestia de carga en virtud del principio igualmente democrático de la Libertad que queda en la base, naturalmente, de la Ley de la Oferta y la Demanda.

Esta enorme contradicción ha constituido la base de una nueva revolución en el pensamiento y en las acciones de la humanidad, especialmente desde mediados del siglo XIX, porque a partir de esta fecha, ella tiende a convertirse en más importante que las otras dos revoluciones paralelas indicadas precedentemente, respecto a las cuales se muestra agotada. Es la contradicción de dos locuras, absoluta una y relativa la otra. Una es igualdad individual, locura absoluta en virtud de su más intrínseca esencia, porque ella representa la negación desvergonzada de la realidad más evidente y tangible; por otro lado está la libertad, racional sólo cuando tenga un lugar preciso donde ejercitarse — y este lugar es la propiedad individual. Y digamos, haciendo un inciso, que también en la hipótesis en la cual ésta última fue reducida a su mínima expresión, ¡al cuerpo y el alma del individuo que Rousseau declara perteneciente en igualdad a la comunidad! Ésta se convierte en imposible y absurda cuando la propiedad social, como en el caso del capitalismo, sustituye a la propiedad individual. De modo que en las condiciones actuales la libertad es una locura igual que la locura de la igualdad.

El resultado del encuentro de estas dos locuras es la tercera revolución que hemos mencionado: la revolución social paralela a la revolución política del democratismo y a la revolución económica del capitalismo. La historia de estas tres revoluciones, de sus caídas más aparentes que reales, y de su acuerdo ocultamente solidario, da forma a casi toda la historia contemporánea, y en particular a aquella actual, si nosotros consideramos la historia desde un punto de vista meta-histórico, es decir, no como simple exposición de «fenómenos», sino como penetración de las realidades intrínsecas, de las cuales estos efectos o fenómenos no son sino proyecciones sobre los planos de la vida cotidiana.

Apenas hemos dicho que constituye la práctica totalidad de la historia contemporánea, porque existe todavía una cuarta revolución paralela a las tres precedentes: la revolución nacionalista. Algunos historiadores, bajo el nombre de «primavera de los pueblos», han bautizado conjuntamente a los movimientos animados por el espíritu de revuelta, movimientos que se han producido en toda Europa (y también en América) hacia mediados del siglo XIX, y que invariablemente han conducido a un recrudecimiento del temperamento de las masas, perezosamente aletargadas después de la caída temporal y aparente de la primera Revolución. Una variante de la primera expresión es «Primavera de las naciones».

Desde el punto de vista de aquella historia que viene escrita sin tener la indiscreción de profundizar en las causas ocultas y sus consecuencias, se trató, en efecto, de un despertar casi general de los elementos incoherentes, sugestionables y granujas que constituyen la mayoría numérica de los pueblos destinados a ser eternamente inferiores. Y fue el advenimiento de los parlamentarismos —y la subsiguiente cadena de azotes con la cual la humanidad comienza finalmente a darse cuenta— pero, al mismo tiempo, fue el despertar de los nacionalismos, que sustituyeron para siempre los principios dinásticos de otro tiempo.

Las naciones, o más exactamente los estafadores que hablan en su nombre, de repente se creen maduras. Ellas ya no quieren constituir el patrimonio de los principios, tolerados ya como fantoches especialmente caros. Según la fórmula consagrada, ellas han tomado conciencia de sí mismas como naciones: quieren autodeterminarse y autogobernarse. Cada grupo nacional descubre en sí mismo un temperamento nacional, un genio nacional, un pensamiento nacional totalmente incompatible con las manifestaciones similares de otros grupos étnicos, exaltándose al mismo tiempo las afinidades presentadas entre sus miembros. Ya tuvo inicio en la «*gesta Dei per Francos*» en Francia, de la «*Rule Britannia*» en Inglaterra y del «*Deutschland Über Alles*» en Alemania. Este salvaje idilio primaveral, como todos los idilios, ha terminado en borbotones de sangre, pero este desangramiento ha sido la semilla de otra sangría infinitamente mayor cerca de sesenta años después, como hemos aprendido a nuestro pesar.

Se puede afirmar la existencia de un misterioso vínculo de «afinidad espiritual» entre el republicanismo democrático, el anticristianismo de 1789-1793 y el civismo nacionalista, democrático y ultralaico de 1848; la misma fraseología ampulosa, la misma «idolatría» privada de auténtica sustancia. Ambos derivan del paganismo cívico, en la cual Palas Atenea fue la divinidad de Atenas, en la cual Roma, bajo distintas denominaciones alegóricas fue, en realidad, la única verdadera idea-ídolo de Roma, mientras se hacía demagogia en el Ágora y el Foro.

El mismo vínculo de afinidad existe entre el capitalismo y el socialismo, no siendo éste último, en realidad, más que la generalización obligatoria y genéricamente nivelada del primero, y comportando ambos la socialización del hombre y de sus astilleros de trabajo. Es aquello que el propio Marx parece haber comprendido. Estos dos últimos derivan del judaísmo —muchos escritores sionistas lo confiesan abiertamente— como los otros dos derivan del paganismo. El paganismo siempre ha sido el precursor del judaísmo[3], convertido en su propia arma en la lucha milenaria contra el cristianismo: así ha sido desde los tiempos de Roma y hasta la época del Renacimiento, que ha preparado la vía hacia una Reforma hebraizante. Por otro lado, el socialismo nacionalista es el tratado de unión entre el nacionalismo chovinista nacido en 1848 y el socialismo de Marx y sus discípulos más o menos ortodoxos. Para que el juego fuese llevado a cabo, ha bastado calificar de nacionalización a la socialización, y decir que el socialismo no debe ser necesariamente internacionalista.

Aquello que importa especialmente, aquello que representa el denominador común de cada forma de subversión moderna, es que la personalidad humana y la propiedad tangible se confunden en el anonimato de la comunidad. Tiene una importancia secundaria

---

[3]Se trata de una tesis muy recurrente en la obra de Emmanuel Małyński, y que responde más a una percepción personal que a una realidad contrastada con datos históricos y un análisis pormenorizado de la cuestión. Esta idea aparece nuevamente en *Le Triomphe du Réprouvé*, v.II, pp.37-47, París (1926).

que ésta última se llame comunidad de trabajo como en el sindicalismo, o Estado, como en los socialismos llamados moderados o ciudad, patria o nación, como en el civismo nacionalista o el imperio, así como en el civismo imperialista, la empresa, compañía, trust, cártel, «Konzern», como en el capitalismo o la humanidad entera, como en la Internacional comunista. Esta última forma constituye de forma evidente el término de la victoria final. Las vías se pueden desarrollar en sentido opuesto, orientadas de forma distinta y embellecidas según la diversidad de afinidades humanas. Pero todas, en un tiempo más o menos lejano, y con distintos riesgos por las misteriosas guías de ciegos, conducen al mismo destino fatal, que es la absorción total de la unidad humana que vive la propia vida —con todos sus bienes inmóviles y móviles allí comprendidos, incluidos el cuerpo y el alma, ésta última, donde se comprende la única libertad verdadera, que solamente es compatible con la propiedad individual y con el ejercicio soberano de esta propiedad— por parte del anonimato y la ubicuidad de una especie de nirvana social cuya circunferencia está en todas partes y el centro en ningún lugar.

El anonimato, es decir, la abdicación voluntaria del «yo» personal, al que Dios mismo ha donado la libertad y el libre arbitrio, a favor de una vaga abstracción, está en oposición total con la íntima naturaleza de las aspiraciones humanas, egocéntricas hasta el exceso.

Debemos concluir en que esta cuádruple revolución no se debe a un movimiento espontáneo de la mente humana —orientada de forma improvisada según estas cuatro dimensiones en todos los países, civilizados o no— pero existe la influencia de un agente que se encuentra más allá de la gran mayoría de la humanidad. Porque los efectos de esta inteligencia son demasiado inteligentes, aunque en un sentido, a nuestro juicio, negativo, debemos concluir que la causa hasta ahora desconocida debe ser igualmente inteligente. Y porque en nuestro mundo físico, que es el ámbito de la historia, no conocemos otro agente inteligente que el hombre, debemos concluir que existe un tipo, una especie y un grupo de hombres que es la única causa del cuádruple fenómeno histórico que estamos observando. No es necesario decir que este grupo de hombres, subdividido en más generaciones sucesivas, deba tener intereses en el fenómeno y en la exclusión del resto de la humanidad, para la cual prepara la ruina. Y esto no es difícil de probar. Tal grupo misterioso, y asociado por intereses comunes, no puede ser por ello más que el centro del círculo, del cual vemos la circunferencia en todas partes. Es este el principio —motor y, al mismo tiempo, beneficiario— sea del llamado liberalismo democrático como del nacionalismo de los libres pensadores y del imperialismo mercantil; del capitalismo en la misma medida que lo es del socialismo, en todas sus variantes.

Sin más dilación, veremos cómo estos cuatro fenómenos, en apariencia divergentes en sus doctrinas —y contradictorios, tal vez recíprocamente hostiles en sus manifestaciones superficiales y exteriores—, sin embargo sean todas maniobras de este motor inteligente que a todos preside y conduce, como si fuesen cuatro armadas, cada una con propia función específica a cumplir, en el asalto al complejo de los valores que han regido el mundo civil desde el inicio de la era cristiana hasta la segunda parte del siglo XVIII.

Desde hace ya algunas generaciones todos somos soldados de la lucha colosal en la cual se han comprometido estas dos potencias gigantescas, en realidad las únicas y grandes potencias beligerantes de nuestra época. Durante casi todo el trayecto de nuestra vida no somos sino carne de cañón, en sentido figurado y real del término, totalmente inconscientes de ser automáticamente soldados. A menudo, por no decir siempre, combatimos por nuestros enemigos y contra nuestros aliados, porque el enemigo ha creado astutamente tal cúmulo de contradicciones que no podemos más que reconocernos en la confusión de la refriega. Es así por parte de los partidos y de los grupos sediciosos, conservadores o reaccionarios, que no se encuentran en medio sino para elevarse merced al nacionalismo o el capitalismo para oponerle la democracia o el socialismo. Otros, más ingenuos, se unen a las filas democráticas para combatir el socialismo (considerado como la negación de la democracia), porque no enfrenta sus orígenes sobre la base común de ambos. Y en cuanto a aquellos que podrían ser llamados los campeones de la ingenuidad, se ocultan rápidamente detrás de las insignias rojas del sindicalismo, el anarquismo, el solidarismo y el socialismo de Estado para encauzar al comunismo que ellos consideran extremista.

En realidad la humanidad contemporánea permanece encallada en un enorme malentendido, que constituye el verdadero fundamento de la historia de nuestra época y de aquella inmediatamente precedente. Esta permanece bajo nuestros ojos, a la espera de que profundicemos más en ella. Este malentendido no es querido ni inventado por la humanidad, en mayor medida cuando es el resultado de un juego. Es un malentendido querido y conscientemente preparado por aquellos que se aprovechan y que componen solamente una pequeñísima parte de nuestra especie.

Es evidente que esto ha sido preparado desde hace mucho tiempo: la Reforma ya representó el primer golpe de estos destructores de lo social, porque ésta fue la revuelta de los señores contra el rey y de los principios contra el Emperador y el Papa[4]. La revolución francesa, que fue la revuelta —desencadenada en el lugar más oportuno— de los burgueses y las clases intelectuales contra los nobles y el rey, en lo que fue el segundo golpe. La pretendida «primavera de los pueblos» o de las naciones fue el tercer golpe. La calma aparente que siguió a esta tercera manifestación no ha sido una pérdida de tiempo para la potencia de las tinieblas: ha incubado la gran guerra contemporánea, que ha supuesto el fin de esta época y el inicio de aquella que se dirige hacia nosotros. Y esta es la época que debemos analizar antes de adentrarnos en la historia contemporánea propiamente dicha.

---

[4]Małyński sostiene que la Reforma Protestante tiene un carácter marcadamente anti-tradicional, tal y como desarrolla en su obra *Le Reveil du Maudit*, v.II, pp. 41ss París (1926).

Capítulo II

El parlamentarismo - El igualitarismo

Si bien los lejanos orígenes de los acontecimientos de nuestra época se realizaron no solamente con la Revolución Francesa, la Reforma y el Renacimiento, sino también con la antigüedad pagana, en la Biblia y el Gólgota, los elementos inmediatos de la historia contemporánea, en sus contradicciones y aberraciones, no van más allá de la mitad del siglo XIX. Esta época, calificada como la «primavera de los pueblos» —o de las naciones— podría definirse, sin temor a equivocarse, como la primavera de los parlamentarismos ultrademocráticos y de la actividad internacionalista de los sionistas. Se trataría de entender sobre este término, hoy de actualidad, —el cual revela un significado siempre negativo en nuestra época— y respecto al parlamentarismo, porque no debemos olvidar la enorme importancia que las palabras tienen en las estúpidas democracias, incapaces, por su naturaleza, de aferrarse a aquello que permanece, al margen de la propaganda y la sugestión de los sonidos.

Entonces debemos empezar por preguntarnos cómo es un parlamento, y si quizás es el sinónimo de toda institución colegial destinada a encauzar el poder de un comité ejecutivo o de un individuo singular. Nuestra respuesta es negativa. Las instituciones colegiadas no constituyen necesariamente los parlamentos, especialmente en el sentido que se le da hoy día al término. Lejos de ser un mal, ellas representan no solo un bien, sino una necesidad de todo gobierno racional. Han existido en todo tiempo, bajo toda latitud, longitud y altitud, y sin ellos es difícil imaginarse una época, un reino, o un régimen político o religioso, económico o social.

Un interés único, omnisciente y, al mismo tiempo, omnipotente, es mucho más complicado de concebir en nuestra imaginación, que también allí donde debería ser justo así, en el Paraíso cristiano, la religión nos habla de un Gran Consejo y nos presenta a Jesucristo como el Ángel del Gran Consejo, como aquel que defiende nuestra causa.

Desde los tiempos más remotos, los jefes y el rey estaban rodeados de un Consejo de notables. Eran estos, ya estuviesen representados por la casta sacerdotal, iniciados, magos u oráculos —como en la India, en Egipto, Caldea o Persia— exponentes de la nobleza hereditaria, pequeños soberanos también ellos, los que rodeaban al propio soberano y le asistían con su experiencia; ya fuesen los jefes de las familias reunidos en torno al jefe de la tribu; ya fuesen, con la evolución de las comunidades primitivas, los más capaces entre los capaces, elegidos por el soberano y constituyendo una élite de personas cualificadas: El Aerópago de Atenas, el Senado romano, las instituciones afines de las ciudades griegas y fenicias, no eran sino parlamentos, tal y como lo pudiera ser el Sinedrio hebreo. El pueblo reunido en el Ágora constituía una unidad, pero esto no suponía la existencia del sufragio universal, porque este pueblo no estaba formado sino por los ciudadanos. Los ciudadanos, frente a la población, eran como la nobleza del Medievo frente a los siervos. Por otro lado, Grecia colapsó a continuación, en su parlamentarismo demagógico: Filipo de Macedonia, que tenía consejeros y no parlamentos, triunfó fácilmente sobre las ciudades griegas, cuya refinada cultura no servía más que para parlotear en el vacío y divulgar una rivalidad de taller. La evolución progresivamente democrática del mundo romano recuerda a aquella de nuestra época, pero cuando los «comitia tributa» suplantaron a los «comitia curiata» y «centuriata», estallaron las guerras civiles, y fue la dictadura, seguida por el Imperio, la que salvó a Roma de un final prematuro. Solo permaneció en pie el Senado, asamblea de élite por nacimiento y mérito: ¡Ciertamente no era un parlamento!

El Medievo no conoció el parlamentarismo —es decir, el sistema por el cual los pueblos se autogobiernan, ya sea directamente, o a través de sus representantes elegidos democráticamente— sino que, contrariamente, conoció las instituciones colegiales. El Papa era, y continúa siendo, un autócrata, pero un autócrata electivo, cuyo colegio electoral es el resultado de más selecciones sucesivas, realizadas a través de numerosas cribas, de modo que el Papa es un «aristos», en la medida en la cual sea posible serlo. Este colegio electoral continúa siendo su Gran Consejo, el Senado de la Iglesia, sin cuya colaboración nada se puede hacer, mientras que los concilios ecuménicos, que en contados intervalos de tiempo el Papa reúne cuando lo juzga necesario, no pueden ni tan siquiera ser comparados con los parlamentos; en primer lugar porque sin el Papa permanecen privados de soberanía y, en segundo lugar, porque son asambleas de obispos y, en consecuencia, personas elegidas desde lo alto.

Las Dietas del Imperio germánico eran asambleas de príncipes y prelados; los consejos municipales de la ciudad eran el resultado del equilibrio entre las grandes corporaciones profesionales; el parlamento de París, a pesar del nombre, no tenía nada en común con los parlamentos modernos: era un consejo de expertos y privilegiados, mientras que los Estados Generales, tan raramente convocados por el rey de Francia, representaban el equilibrio de los grandes componentes sociales de la época. Estos grandes componentes sociales eran: el clero, que en el Medievo representaba la cultura; la nobleza, que constituía el poder, la encarnación de la fuerza y, al mismo tiempo, la propiedad de la tierra, la del suelo nacional, fuente de toda riqueza y productividad; y finalmente la burguesía, que se asociaba a la industria, al comercio, las artes y oficios, así como a las profesiones liberales.

En esta época, el componente social de los campesinos todavía no existía: ellos eran todavía siervos como en la Antigüedad. Hoy este elemento existe, y participa formando un Cuarto Estado — pero no solo éste se ha transformado, y no existe todavía el material para constituir un parlamento moderno. La idea del parlamentarismo moderno está contenida en el famoso lema de Siéyès, o sea, que el Tercer Estado lo es todo: todo no solamente por su importancia orgánica con respecto a la totalidad de la nación, sino todo porque entonces ellos eran la masa, el número, la mayoría, como hoy lo es el Cuarto Estado, es decir, los campesinos y los obreros.

Tan pronto como pasaron las tempestades revolucionarias, este sofisma no hizo más que vegetar en la mentalidad de los europeos hasta mediados del siglo XIX, a excepción de Francia, que conservaba restos orgánicos de la terrible revolución — como los organismos humanos conservan a veces secuelas de terribles enfermedades infecciosas, respecto a una aparente curación y nunca vuelven a ser como antes de contraer la enfermedad. Es necesario hacer más excepciones, también con Inglaterra y Estados Unidos, que no habían esperado a la revolución para constituirse como regímenes parlamentarios. Esto es absolutamente cierto en lo que respecta a Estados Unidos y otras repúblicas americanas de las que hablaremos más adelante, mientras que solo es cierto en apariencia para el caso de Inglaterra, porque el parlamento británico, aunque tuviese dos siglos de historia, no había sido, antes de mediados del siglo XIX, más que un parlamento democrático y la simple expresión de un número. La Cámara de los Lores, como indica su propio nombre, estaba compuesta exclusivamente de grandes señores, propietarios del patrimonio nacional y, casi de manera feudal, vasallos de la Corona. Sus rangos estaban integrados por altos funcionarios y eminentes personalidades dotadas de mentes excepcionales, frente a los cuales el rey, en acuerdo con sus ministros y para recompensar su carrera, les confería esta alta dignidad hereditaria mezclándose —por así decirlo— con la vieja nobleza tradicional. La Cámara de los Comunes, elegida mediante un sufragio restringido, estaba compuesta por estamentos medios y representantes de las grandes corporaciones urbanas. La Cámara Alta regulaba la acción, y el elemento de equilibrio entre las dos Cámaras estaba formado por el Consejo Privado, una vieja institución de dos siglos compuesta por las personalidades más destacadas del Reino, elegidas por el soberano y de cargo vitalicio. Ciertamente se trataba de un verdadero y propio Consejo de expertos, como aquel que se contempla en el actual programa fascista italiano, y no nos equivocaremos mucho si afirmamos que el parlamento británico estaba compuesto de tal manera: incluso ellos estaban escasamente informados sobre las ideas que regían el parlamentarismo contemporáneo.

Solamente en América, donde no había más que vino viejo para rellenar las botellas nuevas, el parlamentarismo tuvo entonces su comienzo; hasta la declaración de independencia, es la forma mantenida hasta hoy salvo alguna leve diferencia. Las repúblicas Suramericanas y latinas se apresuraron a imitar a las hermanas mayores. Incluso, como veremos a continuación, también los Estados Unidos sufrieron sus agitaciones decididamente democráticas hacia la mitad del siglo. Y solo hacia esa época es cuando tiene lugar una fiebre de parlamentarismo que se manifiesta, improvisada y contemporáneamente , en todos los países europeos.

Reclamamos la atención del lector en un caso verdaderamente extraño y de tal espontaneidad, en una época en la cual las relaciones comerciales y sociales a nivel internacional no estaban tan desarrolladas como a día de hoy: en una época en la cual las vías ferroviarias y el telégrafo, en sus aplicaciones de utilidad práctica, apenas empezaban a aparecer en el mundo, y en la cual los distintos países eran, por mentalidad y evolución interna, mucho más extraños entre ellos de lo que lo son hoy.

¿Cómo es posible que los hombres, pertenecientes a ambientes y razas muy distintas, habitantes de territorios separados por mares y montañas, con condiciones, temperamentos, necesidades concretas, afinidades y antecedentes históricos totalmente distintos, hayan querido, casi simultáneamente, lo mismo: usar las mismas expresiones, discutir profusamente sobre los mismos sujetos, arriesgar la vida hasta la muerte por los mismos objetivos, sin que ninguno de ellos, tomados individualmente, hubiese tenido nunca, hasta entonces, deseo alguno de estas cosas?

Realmente, no siendo particularmente sospechosos, somos empujados a preguntarnos involuntariamente quién había podido lanzar la palabra de orden, desde el momento en que la misma palabra de orden ha sido repetida continuamente en cada punto de Europa, e incluso de América[5]. ¿Quién habría podido ser el director invisible de esta orquesta invisible, a cuyo ritmo todas las naciones se han puesto a danzar al mismo tiempo el mismo baile infernal? Nuestros historiadores, profesores y científicos oficiales eluden esta pregunta —muy fastidiosa para algunos, y un tanto inquietante para quien lo piense— con palabras privadas de significado y absolutamente incomprensibles: Soplo primaveral de libertad, espíritu de los tiempos. . . Soplo y espíritu en griego: ¡pneuma! ¿Se trata de San Pablo, del neo-platonismo y el gnosticismo?

Y es justo aquello que plantean los agnósticos, materialistas y librepensadores, aquellos que promueven el desprecio hacia la simplicidad de los creyentes en lo sobrenatural y extranatural, ¡aquellos que vienen a darnos tales teorías! «El Espíritu sopla no se sabe de dónde ni hacia dónde» ¡Dice el Evangelio! Estos ateos tienen la imprudencia de acordarse por una vez de las palabras de Cristo con el objetivo de sostener sus proposiciones y de ocultar su turbación ante las tardías veleidades de despertar a través de las vías de las conciencias humanas — finalmente cansadas de alimentarse únicamente de palabras.

Nosotros, que vivimos en el siglo XX, conocemos mejor que nuestros padres y abuelos la verdadera naturaleza de este soplo constituido, no por una sustancia intangible e insuperable, como un enjambre de langostas humanas lanzadas sobre nuestros valles porque han sido abiertas las jaulas, y consideramos que al menos aquellos, entre nosotros, que piensan, deberían saber diferenciar de dónde proceden las langostas y hacia dónde van.

$$* * * * *$$

Hemos hablado de una fiebre espontánea de parlamentarismo,

---

[5]La fórmula «el gobierno del pueblo por el pueblo y para el pueblo» no parece que se vea afectado por el clima revolucionario europeo de 1848, aunque el sea Abraham Lincoln

porque tal es la fórmula consagrada, pero deberíamos definir mejor este último parlamentarismo igualitario o igualitarismo político individual, el que distinguiría el parlamentarismo en general —que no es negativo en sí ni necesariamente subversivo— de aquel componente que constituye el principio nefasto y la razón determinante de su crisis profunda. No es el principio colegial, ni el principio electivo, donde es necesario buscar los elementos de esta crisis y la raíz del mal, sino en el principio democrático o, mejor dicho, principio igualitario, que es lo más específico que se encuentra en el democratismo, y que constituye su esencia.

Los innumerables fanáticos de la democracia igualitaria, para nada intimidados desde sus clamorosas caídas —desde el momento que éstos, en general, no son «personales»— han convertido al parlamentarismo en el chivo expiatorio sobre el cual, vierten hábilmente los errores de la democracia y de su intrínseco absurdo, que ellos quieren ocultar a toda costa. La típica expresión de esta apasionada defensa es la siguiente: «los parlamentos no están a la altura de su función», porque ellos no representan integralmente al fetiche llamado Pueblo, ya sea a causa de sus procedimientos electorales defectuosos, de la corrupción humana, o bien del desinterés electoral de la masa y, finalmente, a causa del egoísmo individual que los miembros revelan una vez elegidos. Todo sería totalmente distinto si el Pueblo pudiese decidir sobre los asuntos de Estado ¡porque quizás el Pueblo no es lo suficientemente maduro para elegir a sus propios representantes para un buen ejercicio del autogobierno! Esto es incontestable: es un dogma del siglo iluminista del cual no es lícito dudar. Sin embargo, nada resulta más falso que este dogma.

Las instituciones colegiales, como se ha demostrado a través de la lógica y la experiencia histórica, son necesarias e indispensables, a menos que sobre el trono haya un genio, pero con la doble condición de que éstas no son ni soberanas ni democráticas. Es necesario que el Jefe Supremo del Estado se rodee —y de cualquier forma, se vea respaldado— de un Gran Consejo compuesto por las personas representativas de todos los ramos de las actividades nacionales.

Es importante y necesario que el jefe de la nación, el cual no es específicamente el jefe del pueblo, sea asistido por una asamblea que emane de la nación, porque esta asamblea representa el contacto con tal nación, colocándose no como el resultado de un agregado de números vacíos, sino como un organismo consciente y jerarquizado.

Si existe una asamblea que emana de la nación, se trata justo de aquella que ha sido elegida: el mal del parlamentarismo no reside en la elección, sino en el carácter democrático de los métodos electorales. La Academia francesa, el instituto de Francia y otras Asambleas similares en varios países, son cuerpos electivos, que están igualmente compuestos por personalidades eminentes, ante cualquier cosa que se plantee en sus dominios de cualificación —dado que su método electoral es aristocrático en el sentido amplio y etimológico de la palabra. No es necesario que el sistema electoral sea forzosamente aquel de la cooptación —como sucede en las otras instituciones que hemos mencionado— para que ello suponga una rigurosísima selección de las personas más cualificadas y de las mentes más elevadas.

Son los acaparadores, generalmente pertenecientes al clan capitalista y súcubos de la mentalidad sionista, los que han hecho proclamar santa la democracia a través de las miles de voces de su propaganda, subvencionada ampliamente en moneda contante y sonante para este fin. Y cuando éstos se vean obligados a admitir, de mala gana, dada la evidencia de los hechos, que la democracia funciona mal, no querrán estar nunca de acuerdo en considerar a la democracia, en su esencia, como una locura o un error.

Esta propaganda, guiada, sobre todo, por la prensa sionista, es una de las mayores industrias de nuestra época y no es, como ella pretende ser, el resultado de la opinión y la voluntad de una entidad llamada Pueblo, porque el pueblo no tiene ni opinión ni voluntad. Es esta prensa la que fabrica la voluntad y la pretendida opinión del pueblo, en los términos en los cuales ella desea.

Los parlamentos, si se revelasen como selecciones de las capacidades y competencias nacionales, aunque fuese por vía electiva, no serían en sí mismos algo negativo, si éstos desarrollasen tal función a través de consejos supeditados al soberano y con poderes limitados —en lugar de ser ellos mismos soberanos— resultarían, por el contrario, positivos y deseables. Es la democracia igualitaria la que se revela como negativa: ahora la democracia no puede ser sino integralmente igualitaria, de otro modo ya no sería democracia.

Esto que hoy se ha dado en llamar la crisis del parlamentarismo se resuelve, en realidad, en la crisis de la democracia, pero no se quiere reconocer. Los proselitistas se mantienen recíprocamente en torno al viejo fetiche y hacen lo que haga falta para que no sea pronunciada la blasfema verdad que, sin embargo, pese a no haber sido anunciada todavía, está ya en muchas bocas. ¡Silencio, silencio! Es el parlamentarismo el culpable, porque éste no ha llegado a ser una emanación suficientemente directa e integral del pueblo, ¡el cual, sin duda, sabría dirigir admirablemente el timón del Estado!

Bajo nuestra divertida visión, ha comenzado la bancarrota progresiva del parlamentarismo igualitario: el infatigable «progreso», siempre en camino desde 1848, se ha detenido en varios países, y parece tener la veleidad de pararse en otros, esperando retroceder en todas partes. Y la razón no es porque los parlamentarios modernos no sean suficientemente cercanos al pueblo, ¡sino porque incluso lo son demasiado! Se podría decir, como atenuante, que son culpables por advertir los errores de los cuales los pueblos fueron responsables a más amplia escala, si la imposibilidad física no hubiese sido un impedimento en el cumplimiento directo, sin intermediarios, de los actos de soberanía a los que tenían derecho en base a la teoría democrática.

De nuevo, y lo tenemos que repetir, la crisis del parlamentarismo se identifica con la crisis de la democracia, con la crisis de la pretendida igualdad entre los hombres, definidos y considerados por ley iguales los unos a los otros. La democracia, no lo olvidemos nunca, es la vaca rabiosa que amamanta al ternero de oro, vástago henchido de interesada gratitud filial. He aquí por qué esta vaca se ha convertido en una reina y «no se toca a la reina»: No se toca a la mujer del César — el Capitalismo, replegado entonces sobre el parlamentarismo puede tener algo que ofrecer a cambio.

* * * * *

Toda la sustancia del democratismo está contenida en el dogma en virtud del cual los hombres serían iguales y similares. Los hombres se asemejan: en efecto, ellos son más o menos similares en lo que respecta a la estructura anatómica y las necesidades fisiológicas. Si, en base a estos dos elementos, ellos no se asemejan en nada más, por no decir del todo, la diversidad y la desigualdad actuales serían debidas en gran parte a las desigualdades que se han generado en los siglos precedentes, es decir, en la injusticia social del pasado y en sus atávicas consecuencias — según la teoría evolucionista, tan querida por todas las almas verdaderamente democráticas del mundo. Esta semejanza y esta igualdad quedan interrumpidas cuando entramos en el dominio superior del intelecto, el sentimiento y la voluntad, también tomadas las pueblos menos desarrollados, dado que en ellas son más bien relativas. Tomadas nuestras razas, llamadas civilizadas, es lo contrario lo que queda bajo los ojos de cada observador objetivo que se toma la molestia de mirar, comparar y pensar.

Para llegar a estas conclusiones no es necesario dar la vuelta al mundo o estar particularmente dotado: cada uno de nosotros —incluso el más mediocre entre nosotros— puede ser un observador imparcial: que lo quiera o no, y en cualquier punto de la tierra en el que pueda encontrarse, está obligado a hacer cada día esta observación. Del mismo modo que él constata la existencia del día y la noche sin tener ninguna necesidad de análisis, así se constata también el hecho de la desigualdad y la diferencia entre los hombres. Nada, en el universo visible, presenta mayor variedad, mayor desigualdad y mayor incompatibilidad que los individuos de la raza humana: se trata de una verdadera y justa orgía de desigualdades bajo todos los puntos de vista y en todas las esferas del sentimiento y el intelecto.

Ya sea indagando en la historia, en la geografía, en la literatura o que permanezcamos entre la simplicidad de aquellos que nunca se han movido de su pueblo, nos vemos obligados siempre a reencontrar por todas partes, incluso en nuestras familias, la desigualdad más radical entre los hombres — desigualdad moral, intelectual, sentimental, estética y también psicofísica. Esta desigualdad intrínseca y congénita se impone, a nuestro juicio, con mayor fuerza que la desigualdad debida a situaciones contingentes, a menos que no sean pagados para afirmar lo contrario, despreciando la evidencia. Incluso un niño sería capaz de constatarlo del mismo modo que un sabio, y se podrían verter ríos de tinta para probar que en el ámbito de ninguna civilización, en ninguna forma evolucionada de comunidad, los hombres hayan sido intrínseca y naturalmente iguales, salvo en el plano anatómico y fisiológico.

Inútilmente, los defensores de la teoría contraria invocan la teoría de Darwin para persuadirnos de que la fuerza viva de las desigualdades y diferencias —muy evidentes, de verse obligados a admitirlas— son debidas a desigualdades de tratamiento y de régimen a lo largo de una serie de generaciones pasadas: son debidas —en otras palabras— a la injusticia social, que una vez eliminada, hizo que los seres humanos se convirtiesen todos en similares e iguales bajo todo aspecto. Semejantes comediantes caen en un error radical: de hecho, ellos confunden el efecto con la causa y la causa con el efecto, porque es la desigualdad intrínseca de los hombres el elemento determinante de la desigualdad que, a continuación, ha intervenido entre las clases y las condiciones sociales — y no al contrario.

Hemos conocido muchos rostros de hermanos, hijos del mismo padre y de la misma madre, poseedores del mismo patrimonio, de las mismas relaciones, de las mismas condiciones sociales y económicas y, por la fuerza de las cosas, los mismos elementos hereditarios; hermanos de los cuales uno ha salido muy alto mientras otro, por el contrario, ha resultado mucho más bajo, o uno es virtuoso e inteligente, y el otro, por el contrario, deshonesto y necio.

No conocemos crianza humana alguna capaz de producir hombres mediocres, iguales y similares, aunque las desigualdades en la mediocridad son, ciertamente, menores que aquellas existentes entre personas de gran coraje e inteligencia. Respecto a éstas últimas, resultan tales por un don —de hecho gratuito— de nacimiento; a menudo con la mínima relación con los caracteres hereditarios, de modo que la educación, unida al esfuerzo personal, solamente puede desarrollar y obstaculizar en parte estas dotes.

Nuestro discurso no expresa simplemente una opinión: expresa mucho más, porque se trata de hechos o, más bien, de un gran hecho que se manifiesta en las formas más variadas y que parece difícilmente demostrable mediante argumentaciones, porque asume, por su naturaleza y caracteres, una evidencia palmaria. Por lo tanto, es común afirmar que toda la naturaleza y la vida están basadas en la diversidad. Ahora, quien dice diversidad, dice diferencia y desigualdad: cuanto más evolucionado y perfeccionado es un ser, más se acentúan la falta de semejanza y las desigualdades hasta convertirse en irreductibles. En definitiva, el hombre es el elemento más disímil, más desigual e irreductible de la naturaleza. Se trata de un hecho, de una ley de la naturaleza: ¡«*dura lex sed lex*»! Y ningún voto ni ninguna revolución podrá cambiar esta ley, aunque fuese masacrada la mitad del género humano. Aunque una sola pareja humana fuese dejada con vida, la desigualdad resurgiría rápidamente, y una de las partes se haría servir de la otra: solo bajo una situación excepcional puede ocurrir de forma distinta. Si se hace agitar un vaso que contiene agua y aceite, el aceite sobresaldrá siempre hacia la superficie.

Hacia la mitad del siglo XIX, asambleas de individuos desiguales y distintos entre ellos, votaron en casi toda Europa decidiendo que aquellos a los que decían representar fuesen iguales y similares. Sin embargo, la desigualdad continúa subsistiendo porque ésta no puede desaparecer. No obstante, y desde hace setenta y cinco años, se persiste en esa voluntad de ir contra la naturaleza, contra la realidad objetiva de las cosas. Lo que también se continúa haciendo después de ciento cincuenta años, cada vez que esta insurrección resurge fatalmente de sus propias cenizas, provocando que esta desigualdad vuelva a renacer. La lucha se revelaría como algo cómico si no resultase patética: de hecho parece la lucha de un niño que pone a su soldadito tentempié boca abajo, mientras la posición del centro de gravedad no lo permite. Esta lucha absorbe todas las energías de una época histórica, despertando la codicia y el deseo que duermen en el fondo del corazón humano. Desgraciadamente, bautizando con el nombre de legítima sed de justicia estos instintos, hasta ahora considerados vergonzosos, ¡esta es una lucha que deja a la sociedad igualitaria en una jaula de bestias feroces que solo buscan devorarse recíprocamente!

Por el contrario, se podría objetar que la revolución democrática no tiende a la igualdad individual, manifiestamente negada por la naturaleza intrínseca de los seres humanos, sino a la igualdad social, o sea la igualdad de las categorías sociales — lo que, convenimos, coincidiría con la equidad y la justicia. En efecto, sería injusto que un hombre fuese humillado únicamente por su nacimiento, dado al caso, entre otras contingencias, del todo extrañas a su personalidad intelectual y moral.

Más allá de esto, resulta poco ventajoso para la sociedad que grupos, clases o entidades económicas o sociales permaneciesen en un estado de efectiva inferioridad frente a otros grupos, desde el momento que todos los grupos son de utilidad y se necesitan recíprocamente dentro del organismo social, y deben armonizarse recíprocamente a fin de que la sociedad desarrolle un equilibrio estable y beneficioso para todos sus componentes.

Estas dos argumentaciones son indiscutibles, pero es igualmente indiscutible que ellas no representan argumentos a favor de la igualdad individual, sino que, más bien, demuestran la tesis contraria.

La igualdad individual, lejos de identificarse con la igualdad social, constituye la matriz de la más atroz e implacable desigualdad social en la historia de nuestra civilización. Las distintas agrupaciones, también si asumen recíprocamente un carácter de igual necesidad funcional, aunque ejerzan otro contrapeso para componer el equilibrio social, no por esto se han formado necesariamente de un mismo número de unidades humanas consideradas iguales como individuos. Sin embargo, estas agrupaciones no resultan más iguales las unas en relación a las otras: por desgracia dirigiendo recíprocamente —lo repetimos— una función necesariamente igual y asumiendo entonces el mismo valor social, ellos se encuentran todavía en un estado efectivo de inferioridad o de superioridad que los une frente a los demás. De modo que su densidad —por adoptar un término propio de la física— es muy distinta, de modo que ellos no conforman un equilibrio, viniendo a romper la armonía de toda la sociedad. La sociedad y el organismo social vienen entonces a encontrarse en una situación similar a aquella de un organismo, en el cual las vísceras más voluminosas y pesadas han reducido a la impotencia y a la atrofia a otras vísceras no menos indispensables para el funcionamiento del propio organismo. Y esto por la simple razón de que ellos tienen un peso o un volumen superior porque están compuestas de un número mayor de células. Lo mismo sucede si estas grandes vísceras son solamente tumores cancerígenos: ¡esto no cambia nada, porque solo vale el peso, en la densidad y el número de células, consideradas todas iguales!

Entonces constatamos cómo la igualdad individual, lejos de servir a la igualdad social, por el contrario es su contradicción y su violación más profunda. Pero hay más: veremos cómo la igualdad individual se revela incluso como la contradicción y la negación de la propia igualdad individual. Por el momento no se nos entiende en absoluto — pero el hecho permanece como tal.

Es injusto —lo hemos dicho ya— que un hombre sea despreciado solo por su nacimiento, dado el caso, o por otros factores contingentes que no tienen nada que ver con su personalidad intelectual o moral. Y bien, a pesar de ello y en virtud de la democracia igualitaria, el mismo hombre es despreciado como individuo o como personalidad humana, si tiene la desgracia de pertenecer, por una situación, dado el caso, o por nacimiento, a un grupo, a una clase o categoría social que cuenta con un exiguo número de componentes. Porque los números son el derecho y constituyen la legalidad, en virtud de la igualdad política individual, los grupos menos numerosos no tienen necesariamente derechos, salvo el pataleo, al constatar el propio estado como minoría. En efecto, ellos se encuentran así, fuera de la ley, porque tienen a ésta y a sus sanciones en su contra. Y no solamente están fuera de la ley bajo el perfil de la personalidad de grupo, sino también bajo aquel de la personalidad de cada uno de los miembros individuales.

En la práctica asistimos a este estado de cosas, y a todas las consecuencias que ello comporta a día de hoy, en todo el este europeo —Polonia, Checoslovaquia, Rumanía, Lituania, etc.— donde estas relaciones son escandalosas y drásticas. Constatamos casi el mismo estado de cosas en Europa Occidental, donde la diferencia consiste únicamente en el hecho de un mayor cuidado en la forma.

De hecho, esto no es un abuso que debamos atribuir a la imperfección humana de los instrumentos de la democracia: es más bien la consecuencia racional y lógica de la esencia misma de la democracia igualitaria. Porque el uno es siempre igual al uno, y en esto consiste el criterio anterior, el dos no es nunca políticamente igual al uno: el dos robará, matará y perseguirá legalmente al uno, como el cien mil hará lo mismo con el veinte mil y con cada uno de los individuos que lo componen y que participan automáticamente en su composición social. Y así sucederá en todas las democracias igualitarias hasta que los hombres no se conviertan en ángeles — ¡pero parece que éstos no tienen ninguna prisa por llegar a serlo!

La igualdad individual no para de destruir la igualdad social e incluso la propia igualdad individual: cada día, automáticamente ella se suicida, desde hace setenta y cinco años a esta parte. Negación de sí misma, causa determinante de la ruptura del equilibrio social y, en consecuencia, del equilibrio económico, político y también intelectual: ¡son estos los elementos en base a los cuales deberemos alimentarnos para toda admiración y reconocimiento!

Capítulo III

Los nacionalismos - El democratismo - La Fidelidad y la Solidaridad - El Patriotismo - La democracia nacional

EL complejo de acontecimientos revolucionarios sucedidos hacia mediados del siglo XIX y ubicados en la base de la historia contemporánea, constituyen el inicio de una época llamada por los historiadores, en ocasiones, «primavera de las naciones», en relación al fenómeno definido como despertar del nacionalismo. En un primer momento podría parecer que las dos teorías, ambas de actualidad de particular forma, desde hace setenta y cinco años —aquella que, para entendernos, quiere a todos los hombres iguales y similares, y aquella que concierne a las agrupaciones nacionales de estos «similares», los cuales a su vez se consideran ejemplares de especies zoológicamente distintas— entonces estas dos teorías, que deberían excluirse recíprocamente, y que cualquier progreso de una debería determinar por fuerza la regresión de la otra. Pues bien, no: ellas

son dos hermanas gemelas que, desde su nacimiento hasta nuestros días, no han dejado de confraternizar. Apresurémonos a añadir, para evitar desagradables malentendidos, que el nacionalismo que nos disponemos a examinar es un nacionalismo de carácter particular a causa de su exclusivismo que, a menudo, llega hasta extremos de histeria, y de su civismo mezquino y rígidamente democrático que excluye toda posibilidad personal de concentración y reflexión, admitiendo solamente la idea de una misión a cumplir como una especie de esperanza casi mesiánica.

Según la opinión más difundida, el nacionalismo moderno sería una resurrección de los sentimientos patrióticos de las ciudades de la Grecia pagana o del imperialismo derivado de la Antigua Roma. Por el contrario, a nuestro parecer, el nacionalismo moderno —como toda ideología moderna, como el democratismo, el capitalismo y el socialismo— deriva de fuentes hebreas. Remitiéndonos a las palabras del Libro de los Profetas del Antiguo Testamento, libro examinado por nosotros en «*L'Erreur du Prédestine*[6]», encontramos una híbrida mezcla de dos sentimientos no vinculados a ninguna relación racional y totalmente ausentes en toda forma de patriotismo posterior, ya sea antiguo o medieval. Si comenzamos a discernir sus premisas en la Reforma, que es de inspiración hebraica en su esencia; lo volvemos a comprobar en lo sucesivo con la Revolución Francesa, en la cual se dejaron sentir las influencias del mismo pensamiento. En definitiva, todo esto explota en toda Europa hacia mediados del siglo XIX, siguiendo un ritmo ascendente desde aquella época hasta nuestros días.

Los dos elementos de esta mezcla originada por el pensamiento sionista, han sido el odio y el desprecio hacia el «Pueblo» y contra todo aquello que no es internacionalista y que viene confundido bajo el término de Naciones — y el odio, igualmente implacable, predicado justo por los sacerdotes del mismo «Pueblo» totalmente electo, contra sus clases superiores, contra el rey, contra la casta sacerdotal oficial, las personas que las integran y los ricos. Estas dos últimas

---

[6]Esta obra fue publicada originariamente en dos volúmenes, en 1925, en París.(N.d.T)

categorías están comprendidas en el término genérico de «Malvados», en oposición al «Pobre», considerado como el único puro y el «Pueblo» por excelencia. Cada uno de estos elementos, considerados de forma separada, terminan por determinar una ampliación de los otros chovinismos nacionalistas.

Por el contrario, nada similar se encuentra en el civismo patriótico de las antiguas ciudades de Grecia: en Atenas, éste coexistió con el democratismo y la demagogia sin formar un compuesto químico. Así fue con el Imperio Romano y durante toda la Antigüedad, en la India o en Egipto, en Cartago, Persia o Caldea, donde las castas superiores, los notables, representaban el elemento nacionalista. Con mayor razón ocurrió esto en el Medievo, que ciertamente no fue la edad de oro del patriotismo. Aunque sería una exageración decir que este sentimiento no existía: De hecho, la lealtad dinástica al servicio del señor constituía el fundamento de una época en la cual estaba ausente el totalitarismo patriótico.

El nacionalismo medieval fue típicamente aristocrático[7], o en todo caso específicamente vinculado a la aristocracia. En la misma medida, las corporaciones ciudadanas se mostraban igualmente patrióticas, pero el centro de difusión de este nacionalismo era el Príncipe, como podemos ver todavía hoy a través de los vestigios, quizás no solo exteriores, en Inglaterra. Los campesinos no se preocupaban del nacionalismo, aunque apegados a la tierra de su Patria, así como sus descendientes continúan estándolo a día de hoy, al menos en la mayor parte de los países. Sin embargo, cierto tipo de prensa se complace en escribir a propósito de una obtusa intransigencia nacionalista. No obstante, esto no impide que ellos se alimenten del apego a sus casas, a sus jardines, a los campos que los rodean y al campanario, a cuya sombra reciben el bautismo, unen en matrimonio o al cementerio donde descansan sus muertos. ¡En tal caso, también los perros y los gatos pueden ser considerados, en cierto

---

[7] «... el verdadero ideal del Medievo cristiano era internacional, o más bien, supranacional: no se circunscribía en absoluto a las autonomías particulares y las diferencias nacionales, limitándose a exigir que estas autonomías no se resolviesen en contradicciones...» (E. Małyński, volumen I, op. cit, p.20ss)

modo, nacionalistas!

Hacia mediados del siglo pasado tuvo lugar el despertar de este viejo sentimiento sionista, el odio por el extranjero entremezclado con el mismo crisol con el odio hacia el rico, hacia el poderoso, hacia el refinado y por aquel que es superior.

El genio sionista sobresale en un juego que consiste en dar un nombre antiguo —un nombre que solo con ser pronunciado llega a unir, todos juntos, a los sufragios de estas masas absolutamente refractarias en la reflexión— a una idea que les es propia y que, de tal modo, pasa con extrema facilidad, como una carta por correos, sin que nadie profundice en su verdadero significado, disimulado bajo una masa desordenada de expresiones a tal efecto. De tal manera, los sionistas han lanzado la «Libertad», la «Igualdad», el «humanitarismo» y la «Justicia», cosas que son poco coherentes entre ellos, pero que, a menudo, entran en fuertes contradicciones con el sentido real asumido por las mismas expresiones en la vida y en el lenguaje ordinario. De la misma manera —aunque quizás de forma más ingeniosa, en la medida que a este respecto todos se dejan burlar— ellos han lanzado, a través de la apariencia de una doctrina generalmente antisionista —lo cual ya es el colmo— el nacionalismo moderno: un irredentismo sectario y celoso que no tiene relación alguna, exceptuando el nombre, con el patriotismo de nuestros padres.

Esto último significaba una extensión del sentimiento de la familia, de la separación de las costumbres y las creencias de la infancia: por eso era, ante todo, tradicionalista y conservador, y no permitía que existiesen rencores. Las madres lo inculcaban en sus hijos todavía pequeños junto al catecismo, del cual constituía una especie de complemento no oficial; en las viejas canciones populares —en estos himnos y éstas dulces melodías de las cuales emergía el alma ingenua de los pueblos— la casa paterna, la Patria, la fe, el soberano, el culto nostálgico al pasado, todo ello se fundaba en un solo crisol hecho de devoción y ternura. El nacionalismo cristiano era pío, tradicional, patriarcal, inspirado por una sincera fidelidad; cuyos puntos focales eran el trono y el altar, considerados el fundamento poderoso de la gran familia.

Salvo el nombre —nunca está de más repetirlo— este nacionalismo no tenía nada en común con esta entidad que exhala rabia
contra todos y sobre todos y que, tras una primera aparición local en el siglo XVIII, acompañada primero del anticlericalismo, del
anticristianismo, el democratismo y, más tarde, del socialismo —a
menudo, cuando las fuerzas financieras lo han requerido, prácticamente financiada por el capitalismo de impronta sionista. Soldados
a sueldo de Mammón —el cual está dispuesto a defender los intereses nómadas más de lo que pudiera estarlo para defender la
gloria de Dios y las tradiciones de su pueblo, según él retrógradas
y reaccionarias—, enemigo del orden jerárquico y de la disciplina
que constituyen la grandeza, la cohesión y la esencia de la nación,
el nacionalismo moderno se identifica con el populacho y sus pre-
dicadores de odio y revuelta. Este triunfa desde la demagogia más
baja y en los desórdenes revolucionarios.

Fijaos en uno de los prototipos de esta escuela, aquel loco de
Mazzini, convertido en uno de los grandes patriotas italianos, del
que hoy sabemos que habría estado afiliado al ínfimo grado de la
Alta Vendita Romana[8], institución masónica con tendencias inter-
nacionalistas y antirreligiosas, sin relación alguna con la Patria italiana: ¡Escuchadlo gritar cuando él querría ahogar al último rey con
la sangre del último sacerdote!

Otro patriota italiano, el poeta Carducci, cantaba a la nueva
Italia alabando a Satanás, como si el Ángel de la revuelta, aquel
que había destruido la Autoridad suprema, fuese el Santo Patrón
de Italia.

Los patriotas–democráticos–revolucionarios franceses de la primera, segunda y tercera República, con los cuales la democracia, la
Patria y la revolución se identificaban, se arrogaron el monopolio
de las virtudes patrióticas, y consideraron enemigos, y casi traido-

---

[8]Se refiere a un documento secreto cuya autoría corresponde a la sociedad
secreta de inspiración masónica de los Carboneros, que jugó un papel trascen-
dental en el proceso de unificación italiana. Este documento, conocido como *La
Istruzzione permanente dell'Alta Vendita*, describía, en teoría, los pasos que se
debían seguir para infiltrarse en las altas instancias eclesiásticas, de la Iglesia
católica, con el fin de conquistarla y desactivarla. (N.d.T)

res, a los grupos familiares y categorías sociales que, a costa de su sangre, habían dado un rostro a la Patria. Lo mismo sucedía en toda Europa. Una mención particular merece Polonia, desmembrada y privada de su independencia hacia finales del siglo XVIII. Todas sus manifestaciones patrióticas, todas sus insurrecciones nacionales con el fin de reconquistar la independencia, desde 1772 a 1918, se han resuelto, por el contrario, en una lucha impregnada del más violento de los odios de clase de impronta socialista, a partir de la época en la cual éste ha sido el ánimo con el que se ha identificado la última moda del democratismo.

Para terminar, recordamos la pérfida y mediocre literatura de la Gran Guerra, que es la más cercana a nuestro recuerdo, en la cual toda suerte de odio y rencor se había hecho recaer sobre los principios, sobre las «personas visibles» y los «ex-monárquicos», a los cuales se quería convertir en pararrayos de la Alta Finanza Internacional. Ésta última, la verdadera beneficiaria y la única culpable, apenas era molestada levemente por los más molestos de los «patrioteros». Y este es el punto en el que, finalmente, no se entendía si se trataba de una guerra de los «Pobres» contra los «Malvados» en el interior de la propia nación y contra las «Naciones» en el exterior. En todos estos Patriotismos *modern style*, surgidos de la «gran» revolución francesa, llamados comúnmente «primavera de los pueblos» o «de las naciones», predicados inicialmente por los *sansculottes*, ebrios de la mejor y más pura de la sangre de los pueblos, se percibe el lejano eco de Isaías y Geremías, de Ezequiel y Daniel. Quizás no se trata de una nueva manifestación —siempre anónima— de aquel espíritu sionista, que desde hace ciento cincuenta años, convierte en odio, entorpece y deforma según su interés, para reinar después de haber dividido justo aquello que habíamos amado. El hecho es que el sionista quiere instrumentalizar todas las ideas vivas de los dos siglos, e impregnar de su sutil veneno todos los nobles impulsos de las gestas humanas en la historia contemporánea.

Un instrumento faltaba en su orquesta, y era un instrumento que habría podido sonar de la música, para éste inoportuna, dañándole de esta manera en su concierto europeo: tal instrumento era el nacionalismo. Fue necesario dejar al nacionalismo la fraseología y la forma ideológica originaria, la única cosa que el rebaño humano es capaz de discernir, y que el Asno colectivo coronado rey de la democracia puede ver y sentir. Se tuvo la necesidad de no tocar este enredo de rimbombante retórica, privándolo de su alma —perceptible solamente desde las élites, las cuales permanecieron impotentes— e impuestas desde el mismo fanatismo y violencia. Este ha sido el «juego de conversión» de Israel, que tomaba posesión de todo mientras que los patriotas de todos los países continuaban creyendo ser, inconscientemente, los continuadores de sus abuelos. Como siempre, a Israel se le ha dado bien hacer que se cumplieran sus profecías y destino en la tierra. Aparentemente, este nacionalismo de procedencia bíblica —y nos apresuramos a añadir: en el sentido de la Biblia interpretada según el Talmud— estaba en condiciones de satisfacer a los patriotas más exigentes porque resultaba fanático, exclusivo y celoso como su Dios. El extranjero se convertía en «goyim». Discutid sobre esto con un experto en nacionalismo, ya sea francés, alemán, italiano o inglés —si conocéis alguno que os pueda hablar con franqueza— y él os lo contará, sea cual sea su nacionalidad, de una sola forma.

Paralelamente buscad entre las crónicas del Medievo, y no encontraréis nada parecido, porque las naciones, hijas de la iglesia, pertenecían al gran ecúmene espiritual del catolicismo. El representante del Mesías vivía en Roma, y a través de él se buscaba la luz. Ninguna nación se arrogaba el deber de imponer los propios valores morales o intelectuales a las otras; como mucho ellas trataban de imponer el cristianismo a poblaciones paganas, por ellas considerada como la verdad, la única verdad que otorga la salvación y que no era un producto nacional sino, más bien, el tesoro común de la cristiandad.

En la Antigüedad Herodoto, Tucídides y Jenofonte podían seguir calificando de bárbaros a los asiáticos; ya fuese el mismo Jenofonte o Alejandro no fueron a Asia para llevar la luz de la civilización griega: al igual que Ciro o César, ellos fueron conquistadores y no misioneros laicos.

Con el nacionalismo moderno todo es diferente: éste es una especie de mesianismo, con cada nación considerándose como única depositaria de los valores más elevados. Alemania se cree representante de la cultura y los alemanes se llaman «*Kulturträger*», es decir, portadores de cultura frente a los eslavos. Ellos luchan contra la Iglesia católica por la cultura: es la «*Kulturkampf*». Sentimientos análogos existen entre los franceses, ingleses e italianos. Polonia se ha creído por un momento la nación redentora.

Una guerra —también entre pueblos europeos y cristianos— y, con mayor razón, una expedición colonial, sería siempre llevada a término en función del interés superior de la humanidad y la civilización. Estos dos vocablos nos indican nuevas versiones sobre una forma particular de democracia, si bien todas las guerras tenían un matiz casi religioso, sin tener, por desgracia, relación alguna con la religión. Y como si existiese realmente un impulso profundo, demasiado profundo para ser social o nacional, un impulso del cual no se dan cuenta ni tan siquiera aquellos que matan, que se hacen matar o que actúan como si estuviesen bajo el dominio de una voluntad anónima.

¡Ellos son los malvados, los bárbaros y los inhumanos! Nosotros, a menudo, los superhombres de Nietzsche, siempre los buenos, los magnánimos y pacíficos. Buscamos solo «el reino de Dios y su justicia», democrática, bien entendida —también cuando matamos—, ¡a condición de que «el resto nos sea dado en abundancia»! He aquí el estribillo nacionalista. A esto se añade que ninguna nación considera comprendida en este «nosotros» a nuestras clases dominantes, prefiriendo considerarlas semi-extranjeras, no muy diferente de aquel «ellos» tan malvado, tendremos una imagen completa del nacionalismo moderno. Y si consideramos además que este género de relaciones está vigente, recíprocamente, en todas las naciones, la una respecto a la otra y ambas respecto al resto —ya sea en aquello que concierne a la relación entre naciones sobre un plano horizontal, o ya sea entre las clases o comunidades sociales, sobre el plano vertical— empezaremos por hacernos una idea de la incoherencia que domina Europa y del caos que la está transformando, día a día, en una torre de Babel. Ya ninguno, aunque sea tomado individualmente o como miembro de una colectividad, llega a comprender a sus iguales; ninguno, fuera de la nación que es siempre y en cualquier parte, contemporáneamente al exterior y al interior de todas las naciones, de todos los partidos, clases y camarillas, sin excepción alguna. Ahora, si nos esforzamos en reflejar sin preconceptos, observando de forma imparcial los fenómenos políticos presentes y pasados, nos damos cuenta de que en el mundo existe una sola nación en esta posición excepcional y única. Ella forma parte, de derecho, de todas las naciones, sobre un plano horizontal, de todas las clases, sobre un plano vertical, sin dejar de ser una, individual, íntegra, irreductible y, de hecho, incompatible con las otras: alemana en Alemania, francesa en Francia, inglesa en Inglaterra, americana en América, italiana en Italia, rusa en Rusia, polaca en Polonia. De derecho, con todos los privilegios del caso —pero sin ninguno de los deberes de solidaridad que una situación similar comporta— y, al mismo tiempo, extraña a todas estas naciones y parte de un bloque sólido, homogéneo y organizado, de hecho con todas las ventajas consecuentes, en el mundo entero.

No será necesaria ninguna deducción, pero bastará una simple constatación para poder afirmar que esta nación es SIÓN, porque, si nos limitamos a reflejar de buena fe, sin ninguna actitud antisionista, no encontraremos otra cosa que las mismas condiciones y, al mismo tiempo, no podremos sino encontrar éstas —siempre que no entendamos ser ciegos, aunque lo admitamos— como somos obligados a hacer, empujados hacia ello por la experiencia histórica y personal —la solidaridad corporativa de los sionistas, que es indemostrable a causa de su evidencia sobre el plano interno y sobre aquel internacional; si admitimos, con los mismos escritores sionistas, la inalterable identidad del «Pueblo», acuartelado desde hace siglos en medio de otras naciones, y frente a éstas inasimilables— pese a ello aprovechándose desde hace decenas de años de cualquier tipo de privilegio y expresando su odio contra todas las épocas, también las más remotas — estaremos obligados a concluir que el interés superior de este bloque, contemporáneamente homogéneo en sí mismo, y heterogéneo respecto a todo aquello que le es extraño, consiste en reducir a polvo al resto de la humanidad. Este espera, de este modo, no encontrarse más frente a un bloque homogéneo y contrario, o cuanto menos hostil.

Pero más allá de este grupo, en la Torre de Babel existe todavía otro elemento, cuyos miembros se entienden tácitamente. Son los herederos espirituales de aquellos que participaron en el Pentecostés. He aquí por qué el ideal evangélico de la cristiandad, y mucho más de una humanidad cristianizada, encontrando en Cristo y su doctrina el justo denominador común, o el ideal de un solo aprisco con un solo pastor, podría ser fatal y trágico para el conglomerado sionista, que no ha querido y no quiere aceptar la invitación evangélica del Padre. He aquí la razón por la que enmascarando su interés particular desde «intereses superiores de la democracia, de la civilización y la humanidad» —y respecto a esto algunos comienzan a darse cuenta— si bien no de la Patria —engaño que todavía nadie llega a entender— Sión no se limita a dividir a las clases y a los hombres en el seno de las naciones, sino que promueve las rivalidades recíprocas — como los más agudos comienzan a sospechar. Multiplica los nacionalismos allí donde nunca habían existido antes, así como (lo hemos visto en 1919) se muestran intransigentes e irascibles tanto con aquellos nuevos como con los viejos, que no eran el resultado corrosivo y violento del pasado.

Y esta es su política incansable desde que participa en todas partes, directa o indirectamente, en el poder. Desde que se ejerce en todas partes la plenitud de sus influencias: fraccionar a la humanidad e impedir que sus facciones y miembros individuales puedan darse la mano, inducirles a odiarse o sembrar la sospecha, impedir a toda costa la formación de un bloque homogéneo adverso basado en un denominador común. En breve, su objetivo será aquel de impedir la formación de una Internacional cristiana de derecha, debilitando con todos los medios posibles el fermento benéfico y unificador de la Iglesia universal.

Afirmando en aquel que precede al origen hebreo de los nacionalismos modernos, los cuales, sin darse cuenta y despreciando las apariencias, hacen el juego a los intereses y al ideal del Internacionalismo apátrida. Nosotros formulamos una tesis inédita. Será más fácil de creer que en estas condiciones tenga lugar el encuentro del capitalismo, el democratismo y el socialismo — pero el nacionalismo no corresponde generalmente a los partidos de derecha y «bienpensantes», el nacionalismo no hace profesión de un agudo antisemitismo, y no se le ocurre discutir sin razón aparente con los sionistas, con gran desdén por parte de estos últimos. ¡Entonces es necesario ser justo unos maníacos para ver que al sionista, allí donde se le combate, es donde se hace más ruido para combatirlo! ¡Allí donde no deja de mostrarles el puño, desgraciadamente les tiende la otra mano con la esperanza de que caiga algo!

Sin embargo es muy simple: el nacionalismo, también profesa el antisionismo, en nuestros días no produce un mal realmente efectivo a los sionistas del país en el cual está en el poder, mientras que se desencadena el mayor mal posible en el nacionalismo del país vecino y, automáticamente, el mayor bien para los sionistas del país vecino. Si añadimos que este proceso es recíproco, vemos que el balance del nacionalismo se cierra a favor de la sinagoga. No hay nada que un nacionalismo tema y deteste más que otro nacionalismo intransigente. Por ese motivo éste olvida al enemigo permanente, cuyo peligro, menos evaluable, no aparece rápidamente ante sus ojos: he aquí la razón por la cual el Sionismo debilita y neutraliza a los nacionalismos y aleja aquellos que podrían provocarle un perjuicio, incitándolos y oponiéndolos los unos a los otros

¿No nos hemos preguntado nunca por qué el nacionalismo francés todavía no se ha aliado con aquel alemán, por qué prefiere, en rigor, al socialismo alemán o por qué ocurre lo mismo en Alemania respecto a Francia? Sin embargo la tierra es grande y habría todavía lugar para ambas, si ellas quisiesen entenderse y acordar una alianza que confluyese las afinidades mentales de ambos nacionalismos. Si se tratase de nacionalismos como aquellos de un tiempo, construidos sobre las bases de una articulación aristocrática y no del igualitarismo democrático, si cada una de ellas poseyese una cabeza dirigente, que supiese querer aquello que quiere y ver dónde se dirige, de las partes que obedecen en lugar de legislar, sobre un terreno de entendimiento —no sólo entre Francia y Alemania, sino entre todas las potencias cristianas, europeas y civilizadas— éste se encontraría sin más. Una alianza internacional de los nacionalismos contra el común enemigo sería ya el logro más deseado, para el mayor bien de la humanidad entera, de cada nación particular y para la mayor parte de los seres humanos que la componen, los cuales sufren cruelmente de las discordias e incomprensiones, por lo demás sin motivo, en el momento presente.

Hemos dicho que el nacionalismo moderno vive en excelente cohabitación con el democratismo, y que, nacido como éste último, de la misma matriz del sionismo, vive solo de los renegados y los semi-extraños a sus pueblos. El nacionalismo moderno considera solo a los campesinos, a los trabajadores y a los arribistas intelectuales (la intelligentsia, como se llama en el este de Europa o como se comienza a llamar en Inglaterra) como ciudadanos dignos de este nombre. Así sucede en la práctica, pero en la teoría no es lo mismo. En la teoría, el democratismo y el nacionalismo son incompatibles entre ellos; añadimos también que el nacionalismo democrático es todavía más irracional que el mismo democratismo. El democratismo puro es una aberración manifiesta, porque sabiendo perfectamente que los hombres son desiguales y disímiles, pretende que sean iguales y similares, y construye todo un sistema político y social sobre tal aserción gratuita, completamente errónea, que convierte en indiscutible. Sin embargo, salido de este callejón sin salida, tiene una cierta coherencia, un cierto método como, a menudo, tienen los pacientes de un manicomio, y no se detiene ante las consecuencias lógicas de aquello que se ha afirmado.

Si en virtud del dogma democrático no existen más barreras entre las clases sociales, si no existe nada más, entre «ciudadanos» iguales de una misma nación, divergencias de intereses, de inclinaciones y aspiraciones, ¿por qué continúan existiendo las fronteras entre las naciones? ¿Por qué las fronteras están cada día más marcadas, en lugar de nivelarse como las fronteras sociales? ¿Cuál es la diferencia radical y sustancial que existe entre la organización de las naciones y aquella de los estratos sociales? ¿Es quizás la mentalidad general de las naciones y aquella de los estratos sociales? ¿Es quizás la mentalidad general que la crea? No, y todos los grandes escritores de cada país nos demuestran que existen menos diferencias e incompatibilidades entre dos individuos pertenecientes a la misma clase en dos naciones cristianas y civilizadas distintas que las que puedan existir entre dos compatriotas ubicados en los dos extremos de la escala social. Entonces, ¿es quizás la lengua materna la que une a los ciudadanos de una misma comunidad política? Debemos responder todavía que no, dado que en muchos países los estratos populares han aprendido a hablarla solamente desde que la instrucción es obligatoria. Tal vez, antes ellos hablaban dialectos totalmente distintos. Y entonces, ¿qué sucede con la procedencia étnica y el famoso vínculo de sangre? Este argumento puede ser bueno solamente para aquellos que ignoran la historia y creen que ésta tuvo inicio en 1789.

Sabemos que los conciudadanos no tienen porqué ser necesariamente compatriotas; sin hablar de lo sionistas que son conciudadanos en todas partes pero compatriotas en ninguna parte, los Bretones de Bretaña no tienen nada en común, ni lengua ni características raciales, con los provenzales y alsacianos, y ni tan siquiera los anglosajones con los celtas del Reino Unido. ¿Y qué decir de aquellos que ciertos nacionalistas de nuestra época no tienen miedo de designar con el nombre de «franceses de color» o «británicos de color»?

Deseando evitar todo malentendido, nos apresuramos a decir que no entendemos criticar al nacionalismo en cuanto tal. Todo lo demás: lo encontramos respetable y justo, así como encontramos respetable y justo la hermandad de un «clan», la solidaridad de una clase, la buena camaradería de los miembros de un círculo, de una asociación, el espíritu de cuerpo en el seno de una corporación, de una cooperativa, de una profesión, de un orden religioso o de un ejército. Aclarado esto, ¿qué podremos decir de los vínculos gentilicios basados sobre las afinidades primordiales, reales y respetabilísimos, aun cuando no se trata de la familia verdadera y propia, sino de un conjunto de personas que llevan el mismo nombre y están aglutinadas en torno a la misma tradición de la cual están justamente orgullosas?

Aquello que criticamos es la híbrida mezcolanza nacionalismo-democracia, la singular doctrina cuyos elementos no se adhieren, sino que se rechazan recíprocamente de la forma más escandalosa ante el buen sentido más elemental, este sistema de los dos pesos y las dos medidas, cuya incoherencia bate todos los récords entre las aberraciones modernas. La humanidad es demasiado amplia para ser de una sola pieza; es justo y auspiciable que ella sea dividida en grupos estructurados en función de afinidades mentales y necesidades materiales, a condición de no contradecir la realidad objetiva y la naturaleza de las cosas. Aunque nosotros no creemos que los hombres sean iguales y similares, reconocemos que podemos encontrar algunos que lo son más que otros; aquellos que lo son pueden reagruparse mayormente según sus afinidades naturales y formar bloques horizontales, en los cuales es posible que reine una cierta armonía, que de forma contraria sería imposible, a pesar de todos los decretos, entre moléculas humanas que se rechazan. Si otros, unidos por un común interés, desde la producción o el consumo, formasen bloques verticales, este interés común derivaría, en breve, en solidaridad económica, e incluso sentimiento derivado de la costumbre, sin la concurrencia de ningún fermento exterior.

Todas estas agrupaciones, que se subdividen una infinidad de veces antes de llegar a la unidad humana, son perfectamente legítimas siempre que se correspondan con la realidad, no como una sugestión o un decreto arbitrario, impuesto desde una fuerza brutal o desde el respeto a lo humano, a menudo igualmente autoritario. Éstos pueden resultar indiferentemente políticos, económicos, sociales, profesionales, mundanos, familiares, regionales, provinciales, nacionales, religiosos y morales — sin que por esto los unos se revelen menos legítimos que los otros.

He aquí el verdadero liberalismo, aquel que no consiste en ser esclavo de la mayoría de los votos, y en el poder pensar solo aquello que piensa la masa — o peor, en el poder sentir, amar u odiar solo aquello que deciden las masas. De cualquier manera, cualquier cosa se puede decir de las actuales aglomeraciones nacionalistas, es imposible negar que ellas representen hoy un hecho completo y que hayan terminado por corresponder a afinidades decididamente reales.

* * * * *

En el Medievo, el mundo cristiano reunía a las diferentes naciones y clases en la unidad católica. Territorialmente, Europa estaba subdividida en reinos, y sus límites correspondían, vagamente, con las actuales fronteras de las naciones que les han sucedido. Estos reinos estaban divididos en Ducados y en Principados vasallos, que se correspondían todavía con mayor vaguedad a las actuales provincias, y eran, a su vez, subdivididas en feudos o posesiones señoriales, condados o marquesados, la analogía de los cuales con los distritos de nuestra época es muy vaga. Eran patrias más grandes o más pequeñas, porque el concepto de patria no es nada más que la extensión del concepto de territorio, o de país, en el sentido limitado del término, así como el concepto de país o de territorio no es sino la extensión del amor por el campanario, a cuya sombra viven las familias cristianas. A los varios grados de estas patrias correspondían los diversos grados del patriotismo, que podríamos llamar nacional, regional, provincial o local. Se nos conocía, se nos sentía más en intimidad entre los parroquianos de una misma iglesia que entre los habitantes del mismo país o la misma región; había más cosas en común entre habitantes de una misma región que entre los súbditos de un mismo monarca, o miembros de una única nación y, por razones igualmente similares, había más intereses, aspiraciones y afinidades en común entre habitantes de una misma nación; entre súbditos de un mismo monarca al cual le era prestado juramento de fidelidad, que entre cristianos de distintas naciones. Esta última etapa de la diversidad en la unidad tiene todavía en común la doctrina cristiana, la Iglesia Universal y el Papa, padre común de todos los fieles.

Todo esto estaba profundamente de acuerdo con la naturaleza humana, con la realidad sentida y vivida: desde el microcosmos de

la familia y el campanario en torno al cual se reunían las familias
emparentadas, amigas o vecinas, hasta el macrocosmos de la cristiandad, era toda una sucesión de patrias y patriotismos cada vez
más amplios y menos profundos. El nacionalismo era uno de estos
tipos de patriotismo, no el único, el hipertrofiado a menudo por la
atrofia de todos los demás, no era una suerte de «Dios celoso» y
«por encima de todo» al cual todo debe ser subordinado, ni con
aquello de lo cual se ha escrito en el Evangelio: «quien no abando-
na todo por mí no es digno de mí». No siendo otra cosa que uno
de aquellos patriotismos, éste era respetable como los otros, sin ser
más natural ni legítimo. Esto significaba que existía y, ciertamente,
también resultaba a veces demasiado vivo, pero todavía no había
llegado a ser un ogro ni había absorbido todas las manifestaciones
y sentimientos.

Ciertamente, estas diversidades territoriales no agotaban la gran
diversidad contenida en la unidad medieval, y a cada uno de los elementos de esta diversidad correspondía un sentimiento, una solidaridad orgánica que, a falta de otras definiciones, podríamos calificar
solo como patriotismo, desde el momento que se revestía de todos los
trazos característicos. Sin hablar de la jerarquía eclesiástica – que
no tenía ninguna relación con la diversidad de espacio o territorio –
existían las grandes órdenes religiosas, divididas entre monasterios
y abadías. Eran de las comunidades de carácter más internacional,
verdaderas y justas patrias, con todo aquello que este vocablo comporta: un padre común, una disciplina común, tradiciones comunes,
un ideal, una mentalidad, aspiraciones e incluso intereses comunes.

Aquella solidaridad que ninguna propaganda envenenada venía
a perturbar desde el exterior, ni a degenerar en sentimiento, siendo
auténtico patriotismo. Alguna vez —pero se trataba de casos particulares— las ciudades se agrupaban en federaciones, como ocurría
con la Liga Hanseática, lo que daba vida a un nuevo tipo de patriotismo, superpuesto a los precedentes, que eran menos amplios
pero más profundos, y porque todas aquellas instituciones, desde
lo bajo hasta lo alto, eran patriarcales, de la totalidad del sistema
resultaba un verdadero patriotismo en el sentido etimológico de la

palabra patria.

Finalmente venía el orden ecuestre, que ocupaba junto al clero, el grado más elevado en la jerarquía de los rangos, o cuerpos constituidos del Medievo, porque cada uno se encontraba entonces en su lugar y no salía hasta que no lo merecía realmente: de ello tenemos innumerables ejemplos. También en este caso existía una razón profesional, más privilegiada — pero, sin embargo, desigual. Era la razón del sacrificio: la profesión de defender el país, de proteger a la viuda y al huérfano, el culto a la mujer y el oficio de las armas. Se consigue también en aquel ámbito donde debía existir una solidaridad profesional y corporativa, evidentemente a un mayor nivel, que llevaba un nombre más noble, un nombre desconocido para la nauseabunda democracia, que inspira solo horror, dado que el plebeyo cree reconocer en éste una ofensa a la propia dignidad: se trata de la Fidelidad.

Aquel sentimiento, que unía a los caballeros y a los señores feudales, y por transmisión al soberano, era un patriotismo leal y dinástico porque, no lo olvidemos, los señores pertenecían a las dinastías con el mismo derecho que los soberanos. Aquel vínculo, cargado de lealtad y honor, que ligaba al vasallo y a su señor y que existía en cada grado del orden feudal, fue el patriotismo por excelencia en el Medievo, aquel que es destacable y que mediante los manuales de historia nos ha llegado a todos. Ciertamente no fue el único, al contrario, porque la estructura medieval de la cristiandad fue toda una vasta red de solidaridades horizontales y de fidelidades verticales. Cada una de ellas asumía un verdadero sentido patriótico, afirmado innumerables veces con la prueba de sangre, cimentado en mutuos deberes unánimemente reconocidos, de afinidades recíprocas, de idénticas inspiraciones y un interés común.

Todas aquellas formas de patriotismo se vuelven a conectar y lo hacen desde las justas relaciones de reciprocidad y a los objetos que se correspondían con la íntima naturaleza de los sentimientos y necesidades. No existía una fría idolatría, calentada artificialmente por el fuego de una publicidad histérica o impuesta a la fuerza desde un decreto arbitrario emitido en nombre de las masas anónimas,

una idolatría de laboratorio que no se apoya ni sobre la reciprocidad, ni en la afinidad o los intereses de los individuos, ni sobre nada
puro o natural. A pesar de todos los abusos inherentes a la imperfección humana, de la cual hoy, complaciéndose y exagerando otras
medidas, viene acusada aquella época, existía entonces el amor en
todos los niveles de aquel régimen desgraciadamente desaparecido,
porque aquel régimen que se recubría de cristianismo y amor era un
producto eminentemente cristiano, mientras el odio, o amor negativo, del cual se impregna el nacionalismo moderno, es un producto
específicamente sionista.

Fue la revolución francesa, inspirada por los enciclopedistas franceses, por los iluministas bávaros[9] y otras sociedades secretas, quienes dieron el golpe definitivo al edificio medieval, cuyos fundamentos
ya habían sido fuertemente dañados por aquellos mismos que deberían haberlos sostenido. De modo que es ésta la verdadera artífice
del caos y las contradicciones modernas, de las cuales no estamos
todavía en condiciones de salir, y es, sin duda, por esta razón por
la cual esta revolución ha asumido la denominación de grande. La
revolución francesa no ha abolido los privilegios y la injusticia social, porque éstos no han hecho otra cosa que cambiar de forma o
nombre, sin dejar nunca de existir, sino que es la diversidad en la
unidad lo que ella ha destruido de forma irremediable.

El ideal revolucionario era aquel de una Francia nivelada y unida, permaneciendo iguales y similares los franceses en virtud de un
decreto, pero aislados y desorientados — cada uno siguiendo su propia senda, también ésta similar en todas partes. Nunca más duques,
barones, burgueses y campesinos. Nunca más maestros, artesanos y
aprendices. Todos iguales: cada uno por su propio camino y... para
todos una nueva divinidad laica, un mosaico reemplazado pieza a

---

[9]Se refiere a una sociedad secreta fundada en mayo de 1776, de inspiración
masónica, que acabó disolviéndose en 1785 por las prohibiciones del gobierno
de Baviera y el apoyo de la iglesia católica. Sin embargo, dentro del imaginario
de la conspiración son siempre un elemento recurrente, incluso a día de hoy,
para referirse al Nuevo Orden Mundial, o a instancias elevadas y ocultas, de las
que se sospecha que dirigen el mundo. En su momento se les responsabilizó de
estar detrás de la Revolución Francesa. (N.d.T)

pieza: la república. ¡Aquí servimos como plano vertical! Nunca más Bretones, Borgoñones o Gascones: ¿Qué importan las afinidades étnicas, las diferencias entre tradiciones o los intereses regionales? ¿Qué importa que ellos no sean similares — todos similares? Nunca más tejedores y carpinteros, nunca más pintores y médicos: ¿Qué importan las comunidades de trabajo y las recíprocas afinidades que de ellas se derivan? ¿Qué importan los intereses profesionales — todos similares por orden? ¡Aquí la solución en cuanto al plano horizontal!

Con la abolición de las jerarquías sociales, la fidelidad vertical ha desaparecido; con la abolición de las autonomías regionales y las asociaciones profesionales y de otros géneros, la solidaridad horizontal ha desaparecido también — la una y la otra no teniendo más que un objetivo y no pudiendo contar más con ninguna justa relación de reciprocidad.

Ahora el patriotismo, si analizamos la sustancia, se compone de estos dos elementos: la solidaridad y la fidelidad, o lealtad. Cuando éstas desaparecen, también lo hace automáticamente el patriotismo, no dejando tras de sí más que una forma habitual de hablar o de pensar, una convención que no vuelve a conectarse con nada real o profundo, y que alcance a justificar el solo respeto humano. No despreciamos esto último con el pretexto de que se trate de un sentimiento mediocre: de hecho, justo porque es mediocre y, en consecuencia, se encuentra en perfecta sintonía con la mayoría de los hombres, éste desarrolla una función de importancia capital bajo un régimen donde la mayoría decide de forma totalmente soberana. Ahora, el respeto humano es solo moda, sí, la moda, como aquella de cortarse el pelo, o de llevar las faldas cortas, con el objetivo de vestir con aquello que se considera elegante, para hacer todo aquello que hacen los demás sin ni tan siquiera preguntarse: «¿Cómo han podido ponerse de acuerdo todos juntos espontáneamente para llevar las mismas cosas, decir las mismas cosas, alabar las mismas cosas, encontrar bello o bueno aquello que todavía ayer era considerado como horrible y malvado, apasionarse a la vez por los mismos objetos?»

Si se tiene verdaderamente razón en el ir a buscar no se sabe donde los «espíritus del siglo» u otros conceptos metafísicos o teosóficos: sería como no entender la inmensidad de la mediocridad humana y hacerle demasiado honor, dado que ella no pide mucho. Todos los hombres, en los tiempos de la revolución francesa —¿síntomas del todo afines, quizás no los observamos en nuestros días, en cada instante?— se han dispuesto a hacer, de forma apasionada, del civismo humanitario un flanco del democratismo humanitario. El uno era complemento indispensable para otro desde el momento en que requiere de un ingrediente eficaz con el que recomponer las disgregadas partículas humanas, con el fin de que éstas no se reduzcan a polvo. Se precisaba de algo nuevo para sustituir la fidelidad y la solidaridad recientemente suprimidas. A quien no sabía dónde fijar su fidelidad, le era propuesta una abstracción, el conciudadano. Los desorientados se disponían en devota adoración, y el respeto humano, de nueva impronta, como la nueva moda, era lanzado.

Una realidad conforme a la naturaleza de las cosas era reemplazada por una moda, por una convención. Existen miles de razones de afinidad e intereses, en función de las cuales dos tejedores que se encuentran todos los días, desde generaciones, en la plaza del mercado de la misma ciudad cada domingo, a la salida de la iglesia, se solidaricen y sientan un espíritu corporativo común. ¿Pero qué razón puede existir para que un campesino bretón se solidarice con un viñador de la Borgoña, o con un joven de oficina que trabaja de fiscal en el otro extremo del país? Estos nuevos conciudadanos representan necesariamente las abstracciones y convenciones, y no las realidades de los hombres. Esta solidaridad artificial puede ser solamente una moda, no un sentimiento verdadero, también sí, a fuerza de ensimismarse en un pensamiento y creer que la necesidad de sentir de una cierta manera, se termina, con el tiempo, por derivar en sentimiento.

Con la fidelidad fue más fácil: aquello que fue de los ex-nobles, que acabaron de engrosar las filas de los emigrados cuando pudieron escapar, y era lógico. ¿Pero que habría llegado a ser de aquellos desorientados, más humildes, que, arrancados de aquellas asociaciones suprimidas, no sabían sobre quién o qué apoyarse ni a qué santo encomendarse? Se dirigieron hacia la única mano que estaba en condiciones de alimentarles y que podía protegerles, de la cual venía la voz que les prometía maravillas, hacia la nueva Providencia que se les señalaba, hacia el Estado. Y he aquí la nueva fidelidad. Combinando esta nueva fidelidad con aquella nueva solidaridad, la revolución reconstruía un patriotismo inédito y absolutamente nuevo. Era nuevo e inédito porque nada parecido había existido, ni tan siquiera en las ciudades helénicas, las cuales, a menudo, tomaba la revolución como referente. Entonces, en el fondo se trataba de patriotismos parroquiales: El Ágora, el Estadio o Eleusis eran aquellas «parroquias» en torno a las cuales se reunían un puñado de ciudadanos que constituían solamente una parte de la población de Atenas, que se reunían para jugar, conversar y discutir sus asuntos, aspiraciones e intereses. Se trataba de un conjunto más afín de cuanto hemos dicho respecto a las corporaciones y ciudades del Medievo, mientras éste era el caso de gente que no se conocía, había tradiciones y costumbres muy diversas, comían otros alimentos, hablaban otros idiomas, y no tenían nada en común, a menudo ni el origen étnico.

El ideal revolucionario no consistía exclusivamente en una Francia nivelada, unida, con los franceses aislados, desorientados, cada uno con su propio camino que seguir, con los ojos puestos en el Estado: esto comprendía a la humanidad entera, o al menos a la cristiandad descristianizada y colocada en una posición poco envidiable. Si la revolución es llamada francesa, y se considera nacional, es porque ella no ha podido, a pesar del propio y ardiente deseo, ser otra cosa; pese a los intentos iniciales de alcanzar dimensiones internacionales. Como ha hecho en Moscú la revolución rusa, así ésta reunió en París a conspiradores y revolucionarios de todos los rincones de Europa, y si no ha pensado en Asia es porque, en la práctica, en aquella época no existía.

Las dos revoluciones que los escritores responsables de las contradicciones contemporáneas se complacen en presentar como totalmente diferentes la una de la otra, fantasearon, en realidad, con el mismo sueño: La internacional roja.

No era el nacionalismo propiamente dicho, como lo entendemos hoy, basado en la incompatibilidad entre las naciones, que la revolución de los comienzos quería sustituir como alternativa a los patriotismos medievales, suprimidos de un plumazo. Era más bien una especie de civismo humanitario, suficientemente elástico y tolerante en materia de doctrina, como para que pudiera ser unas veces nacionalista y otras internacionalista, en función de las necesidades de la causa o las exigencias del momento. La llamada revolución rusa no difiere de aquella llamada francesa, sino ante los ojos de aquellos que creen todavía en la ingenuidad de su comunismo como tal y en cuanto a tal — como fin. En realidad es sobre el Internacionalismo, donde se ha afianzado la revolución, manteniendo bajo servidumbre al nacionalismo en el caso no alcanzar el éxito en un plano mayor. La revolución era infinitamente más consecuente consigo misma de lo que lo han sido sus epígonos del siglo sucesivo.

Como hemos explicado, la democracia igualitaria es incompatible con el nacionalismo, a menos que se pretenda violentar a la lógica y a la razón. Dios no ha creado ni a las naciones ni a las clases: solamente a los hombres, que enseguida se han reunido en grupos articulados vertical y horizontalmente. Ciertas diferencias de clima, de alimentación, de bienestar, y de género de trabajo desarrollaron tales o cuales músculos y órganos, o necesitaron de este u otro temperamento. El hecho de reunirse generalmente entre personas de un mismo grupo, ya sea de forma horizontal o vertical, ha terminado por diferenciar ligeramente a estos grupos, y un similar proceso se produce en ambos planos, porque idénticas razones actuaban tanto en uno como en otro.

En virtud del dogma nacionalista moderno, la unidad primordial e indivisible del género humano no es el hombre viviente, sino unas veces la nación y otras la raza. En virtud del dogma democrático, esta unidad implica que el hombre sea, en todas partes igual y similar, idéntico en cada circunstancia. Entonces, ¿qué será de la unidad, si entre los dogmas mencionados, infalibles en la misma medida, creamos un guión que los relaciona? Probablemente, permanecerán ambas teorías: todo francés es igual y similar a todo francés, todo alemán es igual a todo alemán; pero un francés no es igual ni similar a un alemán: ellos serían, en una relación recíproca, algo así como ángel y demonio, bueno y malvado.

Entonces debemos hacer justicia a la revolución francesa en esto: no es fruto de su iniciativa y propia inspiración que ella haya inventado el nacionalismo moderno. Esta incoherencia capital en relación a sus principios fundamentales, la ha cometido solamente contra el propio espíritu, porque ella no podía actuar de forma distinta, mientras veía el suelo francés invadido por ejércitos extranjeros. En los comienzos había tratado de ganarse a sus vecinos para la causa democrático-igualitaria y transformar el continente europeo en un inmenso incendio revolucionario — justo como su hermana, la revolución rusa, ha esperado conseguir en nuestros días y sigue, aunque ahora menos, esperando realizar todavía. Pero los vecinos no se han mostrado lo suficiente maduros o marchitos para aliarse con la revolución francesa, así como hoy esos vecinos, aunque su maduración y progresiva decrepitud haya continuado en un «proceso siempre en marcha», no lo son suficientemente todavía como para poderse unir a los revolucionarios bolcheviques.

En la revolución francesa, pese a lo que se pueda decir, no se importaba de Francia mucho más de cuanto la revolución rusa pudiera importar de Rusia. Y ella importaba —y esto se repite hoy en el otro polo de Europa— el ambiente contaminado al cual miraba, como hace todavía, para preservarse de los agresores reaccionarios, para conservarse intacta en un estado de purulencia contagiosa, con el fin de que el contagio, desde este foco de infección, se difundiera ampliamente excitando al mundo. Si Rusia mañana fuese invadida por ejércitos antibolcheviques y extranjeros, sus gobernantes se verían forzados a hacer uso de todos los elementos susceptibles de poderlos defender, y recurrir para ello a elementos reaccionarios y nacionalistas, no menos que aquellos que partían de la Internacional y por la revolución. He aquí el motivo de por qué el bolchevismo mantiene la armada roja pese a pronunciarse contra el militarismo — lo que no es una contradicción sino una necesidad. Nosotros tenemos la convicción de que el nacionalismo ruso es ahora inexistente, al margen de una élite testimonial, y no está de aquel lado del cual las potencias europeas deberían alarmarse. De hecho, ha sido bien diferente en Francia, donde los diferentes patriotismos de época feudal han sido suprimidos de un plumazo; ellos todavía permanecen intactos y vivos en los corazones.

La revolución miraba a Francia como la barca que transportaba a César y sus fortunas: por lo cual, cuando ha visto algún peligro la barca que transportaba sus fortunas, se ha visto obligada a buscar un acuerdo con sus principios fundamentales. Haciendo un retrato de todos los patriotismos medievales, de cada sentido de solidaridad y fidelidad todavía viva, aunque suprimida por decreto, ella ha creado, con el material de estos patriotismos regionales y corporativos, reunidos en torno a un nuevo estandarte, al nacionalismo francés. Siendo necesariamente fundada sobre el nacionalismo, ésta se ha convertido en una revolución nacional a su pesar, y lo sigue siendo hasta nuestros días, a los ojos de las generaciones sucesivas. Pero la revolución se ha basado también en otro factor, en la leva militar, si no universal, al menos más amplia de lo que nunca lo había sido precedentemente, y es este elemento el que ha permitido empujar victoriosamente a los ejércitos de numerosas naciones en coalición para vencerla, e incluso llevar la guerra sobre el territorio de los invasores.

Por primera vez en la historia, la democracia, en cuanto a democracia militante, recibió su bautismo de fuego. El nuevo nacionalismo, hasta ahora una artificiosa mezcolanza de elementos dispares extraídos de los restos de los patriotismos medievales eliminados, resultó exaltado y glorificado: Se consolidó, se rechazó y se convirtió en un solo bloque en el fulgor de aquella gloria que culminó en la epopeya napoleónica. He aquí que entonces nació: ¡Ahora ya no morirá más! Es nuestro contemporáneo, y toda la gloria de su nacimiento no les impedirá acordarse que de ella nació la democracia, la cual ha sido puesta en el mundo sin haberlo deseado, y de aquí se ha generado la paradoja.

Pero la revolución francesa fue local, nacional solamente, a pesar de su gran deseo — como lo demuestra el nombre con el cual ha pasado a la historia. Es cierto que las armadas napoleónicas, contrariamente a los deseos totalmente distintos de Napoleón, intendente involuntario de la democracia, diseminaron sus gérmenes por toda Europa, pero se trató solo de gérmenes, que tardarían un tiempo en germinar. Lo mismo ocurrió con el nacionalismo moderno, cuyos gérmenes, despreciando la lógica más elemental de quien analiza la sustancia de las dos cosas estarían ya confundidos con aquellos del nacionalismo y la democracia. El fruto de estas semillas de la contradicción inicial derivada de la revolución francesa —que estalló, casi simultáneamente, en todos los países de Europa hacia mediados del siglo XIX— , no fue la democracia *tout court*, sino la democracia nacional, doctrina híbrida y bastarda, cuyo nombre es ya, en sí, una contradicción y una paradoja.

Igualdad de los individuos en los contextos únicos de las naciones, e igualdad de las naciones en el contexto único de la humanidad, lo que deriva bajo el perfil aritmético, en desigualdad de los individuos en el contexto de la humanidad. Abolición forzada de toda agrupación o asociación que los hombres podrían formar entre ellos desde la máxima naturaleza: según la afinidad, las profesiones, las tradiciones y los intereses específicos. Al contrario, hipertrofia histérica, de una sola entre las asociaciones, asociación nacional, arbitrariamente considerada como la suerte de un tiempo inmemorial, invariable, orgánico y conforme a la naturaleza de las cosas, con la exclusión de todo lo demás: considerado, en una palabra, como otro «individuo», es decir, como no divisible. Antes, sería más preciso decir individuo de los individuos, porque es soberana en relación a la humanidad y celosa respecto a esta soberanía cuando, de hecho, los individuos no lo son, ni tan siquiera en relación a sus respectivas naciones, sin hablar de la humanidad.

Las revoluciones de mediados del siglo XIX fueron, para toda Europa, lo que la revolución francesa fue solo para Francia: la difusión, seguida de la conquista del poder político, del mismo concepto —contradictorio en sus principios— en todo el continente europeo. De aquí el nombre de «primavera de las naciones» confundido con

aquel de «primavera de los pueblos», como si pueblo y nación fuesen sinónimos. — cosa que, en realidad, ellos están bien lejos de ser,
pero que llegarán a ser obligados por decreto a serlo, en el ámbito
político, ya que el pueblo constituirá en todas partes la mayoría de
la nación. Y sabemos que la mayoría es lo único que cuenta entre
las fronteras de una nación, en virtud del dogma igualitario, aunque
ésta pierda su sacrosanta virtud democrática más allá de estas fronteras, gracias al dogma nacionalista. Y es así como los alemanes han
tenido la culpa al invadir Bélgica en virtud del dogma nacionalista,
mientras habrían tenido razón, aunque pueda parecer increíble, por
el hecho de ser mayoría, en virtud del dogma igualitario.

Desde aquel momento comienza a elaborarse aquella parte de la
historia que dura hasta hoy: que tuvo su momento culminante en la
Gran Guerra de los pueblos y las naciones, y cuyo declinar parece
haber comenzado. La mayor parte de las aberraciones de la historia
contemporánea, así como a las calamidades que a éstas han seguido,
han tenido su inicio en aquella memorable «primavera».

Para evitar cualquier malentendido nos sentimos en el deber
de decir que, más allá del nacionalismo nacido de la revolución y
la democracia, algunos vestigios del patriotismo de un tiempo, los
antiguos conceptos naturales de solidaridad y fidelidad, sobreviven
todavía en torno a los tronos y el altar. Pese a ser dignos de profundo respeto, éstos parecen no tener importancia en el curso de los
acontecimientos modernos. Pero existe un abismo entre estos restos de honorables sentimientos, sobre los cuales se han abatido las
tempestades de las revoluciones judeo-paganas, y la idolatría, que
consiste en la adoración de la criatura poniéndola sobre el mismo
plano del Creador — cuando no a un nivel superior, como generalmente sucede en la práctica, si no siempre en la teoría. Aunque
aquellos, entre los nacionalistas modernos, que pretenden dar a Dios
aquello que es de Dios, parecen tolerarlo solamente al modo de un
pariente pobre, por lo que respecta a su nombre y a las tradiciones
familiares, y se limitan a reservarle una capilla —ante la cual, por
vieja costumbre, se inclina al pasar, mientras piensa en algo completamente distinto—, en la catedral que han edificado en honor a

la ciudad. Allí, sobre el altar mayor, sobresale ésta última; porque ella está antes que todo y por encima de todo —«*France d'abord*» o «*Deutschland über alles*» y de igual manera en el resto de países— cuando en realidad ella no es ni tan siquiera, al igual que el hombre, una criatura de Dios, creada de la nada por Dios y para Dios — sino solamente una criatura del hombre, su hija más que su madre, extraída de la nada por el hombre y para el hombre. En definitiva, es una criatura de la criatura, en la cual el hombre, con la demencia del propio orgullo, se contempla idolatrándose en su obra.

Capítulo IV

Las contradicciones del mundo moderno - Los nacionalismos defensores del Capitalismo

Hasta el momento hemos analizado dos elementos constitutivos de la historia contemporánea: la democracia igualitaria y el nacionalismo democrático. Hemos podido examinar cómo cada uno de ellos, tomados de forma aislada, son una contradicción en sí mismos, mientras que su relación se resuelve en el encuentro contradictorio de dos doctrinas ya por sí mismas contradictorias.

Nos ocuparemos ahora de un tercer elemento fundamental para la edificación de la historia contemporánea: el capitalismo. Nos abstendremos de analizarlo en todos sus detalles, porque ya hemos tenido ocasión de hacerlo en otras obras precedentes[10], sino que pondremos en evidencia la flagrante contradicción con cada uno de los dos elementos anteriores: contradicción entre el capitalismo y el democratismo, así como del nacionalismo con respecto a la mezcla

---

[10] *Le réveil du Maudit, Le Triomphe du Réprouvé, L'Empreinte d'Israel; John Bull et l'oncle Sam.* (N.d.T)

de estos últimos — contradicción que, sin embargo, no impide que los tres tengan su punto de partida en los «grandes principios» de la famosa triada: libertad, igualdad, fraternidad, o por decirlo mejor: ha nacido de la «libertad». La llamada relación entre capital y trabajo ha nacido, contrariamente, de la igualdad individual.

Es un error decir que el capitalismo ha estado fatalmente determinado en su surgimiento por las aplicaciones de los grandes descubrimientos científicos del siglo: éstos han producido la gran industria que no comporta, en sí misma, incompatibilidad alguna con los regímenes que han precedido al capitalismo moderno. En efecto, no es la circunstancia de fabricar un gran número de objetos, empleando una considerable mano de obra y máquinas carísimas y extremadamente perfeccionadas lo que define al capitalismo. En primer lugar, aquello que le da vida es, el carácter colectivo, social y, como consecuencia de ello, el anonimato e impersonalidad de la propiedad, el trabajo y la producción. En segundo lugar, el objetivo, que no es ofrecido por la producción de útiles reales (sea directamente, o a través de una vía indirecta, gracias al sistema de cambio con otros productos útiles con el mismo objetivo, en vistas al consumo), sino de la acumulación de aquello que podemos definir como riquezas. Estas riquezas no son otra cosa que la suma de unidades metálicas convencionales, que se supone que se corresponden con todo género de útiles, y que se podrían definir como una serie de «sobres», por otro lado, puramente convencionales, del poder adquirido. En tercer lugar, el crédito, que es como hablar del débito, valor por definición negativo, típicamente social, impersonal y móvil, y en consecuencia internacional, permanece en la base de todo género de producción — a menos que esta base no sea la tierra, valor positivo, personal, inmóvil y nacional.

En definitiva, el capitalismo es la industria del dinero, es la producción del dinero por el dinero, en la cual la tierra y el trabajo, así como la producción y el consumo, no son más que medios empleados para alcanzar este fin, el único intrínsecamente importante, sin ver nada más y, a menudo, en perjuicio de todo lo demás. Éste «demás» son todas las necesidades físicas del hombre y todas las posibilidades físicas de la tierra — ni más ni menos. Justamente, por esa razón, en América el capitalismo es llamado mammonismo, porque se trata, a decir verdad, de la subordinación de toda la actividad económica —en la teoría y, en la práctica, de toda la actividad política y social— del hombre sobre la tierra, de la exclusiva acumulación internacional, interprofesional e intersocial del dinero, por medio del dinero y para el dinero. El gran desarrollo de la industria no ha creado el capitalismo, sin embargo sería pueril negar que ha favorecido poderosamente su crecimiento, sin el cual no hubiese podido alcanzar las proporciones excepcionales actualmente existentes.

La razón determinante del capitalismo, por lo que respecta a su ámbito específico y esencial, fue la libertad y la igualdad individual. La libertad, dicho sea «*en passant*», ha comenzado con un atentado a la propia libertad... de asociación, «liberando» a los individuos, a menudo a su pesar, de los propios ambientes específicamente constituidos, provinciales,económicos, profesionales, tradicionales y sociales, suprimiendo todas las fronteras y barreras correspondientes — a menudo, para muchos de ellos, beneficiosas.

Ningún grupo constituido más, ninguno de aquellos engranajes a los que el hombre pertenecía desde el padre al hijo —y del cual se salía solo a edad avanzada— que les servía de natural soporte en la vida. Ningún vínculo político más entre estos hombres arrancados de estos ambientes, aislados, expatriados y abandonados — más allá del Estado. Pero el Estado es lejano, vago, de modo que el Estado no puede representar más que un vínculo político. Ahora, la política interesa solo a poquísimas personas: ¡No es cierto que sea un interés común a todos! Ningún otro vínculo económico que no sea la oferta y la demanda, el intercambio absolutamente libre de los valores entre unidades iguales y supuestos idénticos.

La hora de capitalismo internacionalista ha sonado: agazapada en un ángulo de su tela, la araña capitalista esperaba el paso de las moscas humanas, comprendidas las hormigas y avispas arrancadas de sus alveolos y hormigueros, y transportadas de un día para otro, a un espacio más amplio que nunca habían visto y a estructuras en las que ya no se reconocían más. Los nuevos regímenes, que habían destruido completamente la organicidad interna de la humanidad, no la habían percibido en el sionismo porque su raíz permanecía oculta, porque la milenaria solidaridad de su internacionalismo, acampado en medio de las naciones, no era algo que pudiera ser resquebrajado por un decreto. Ni tan siquiera se había percibido porque la revolución quería eliminar sólo las asociaciones oficiales, y se guardaba bien de levantar su sacrílega mano contra las sociedades secretas, a las cuales ella debía la vida, y que eran fortalecidas por el fermento sionista.

La revolución se ha limitado a reconocer a los sionistas como ciudadanos iguales que pueden disfrutar de los mismos derechos en plenitud; franceses en Francia, alemanes en Alemania, italianos en Italia: en todas partes unos similares a los otros, pero pese a todo considerándose un grupo único y desigual en todas partes respecto a sus conciudadanos, pero único e indivisible en todo el mundo. ¿Es necesario explicar qué enorme ventaja constituye para el sionista este nuevo estado de cosas? Pensad, en física, en un gran imán, que pese un centenar de kilos, en medio de limaduras de hierro, cuyo peso total sea de algunas toneladas. Las partículas aisladas y abandonadas se adhieren a todas las partes, transformándose también ellas en imanes, o multiplicando el peso y el volumen, no sólo la potencia magnética del imán. Sin embargo, ellas se limitarán a adherirse sirviendo al imán, como si formasen parte de una unidad orgánica, pero, por desgracia, constituyendo con ella un único bloque del cual no formaran parte nunca, siendo parte integral del mismo cuerpo.

Entre las naciones, compuestas de partículas humanas aisladas, cada una de ellas sigue su propio camino a un ritmo distinto, y la masa compacta, organizada y disciplinada del pueblo, que se encuentra a caballo de toda frontera y que quiere, en todas partes, lo mismo. El choque es desigual; se había establecido que entonces el hebreo sería el patrón, pero el hebreo escucha a los ancianos de su pueblo, a sus sabios y sus rabinos; no actúa condicionado por sus propias reflexiones como el hombre tradicional, sino desarrollando la reflexión. Habría sido conducido a creer que él actúa con la certeza de obtener la eternidad: al menos en su subconsciente, él siente la promesa. ¿Quizás no tiene —gracias a su milenaria fidelidad— un crédito frente a Dios, fiel deudor de un perfecto acreedor? Así, para no comprometer nada, él no se apresura nunca. He aquí el motivo por el cual, al comienzo, Sión no ha querido dar a conocer las grandes ventajas extraídas de la nueva situación, es decir, de la dispersión individualista e igualitaria de los cristianos en los países golpeados por el virus democrático.

El sionismo ha dirigido sobre el plano económico todos sus recursos. Solo después de que haya llegado a transformar este plano económico en el cual el dinero lo sea todo —el «*nervus rerum*», como se llamará—, y todo este dinero esté, de forma efectiva, en sus manos —o en manos de quien, bajo su mando, lo ocultará— éste se podrá lanzar a la conquista del poder político con la seguridad de apoderarse de él. Dispondrá entonces de una sola arma efectiva en un sistema que él mismo ha creado para tal objetivo. Tal sistema será el sistema capitalista, la única forma auténtica de masonería, mientras que aquellas de las cuales tanto se habla a día de hoy, y de las cuales muchos tienen miedo, son destinadas —al menos esa es mi opinión personal— principalmente a mirar hacia el lado opuesto a la verdad, aquella que pone al mundo bajo su control y en peligro (Esto no impide, sin embargo, que ellos tengan aquella utilidad secundaria, sobre el plano general, de la cual hablaremos más adelante).

Aquellos que consideran que el sistema capitalista se ha creado por sí mismo, a consecuencia de la evolución inconsciente y automática de las cosas — como otros creen que el universo se ha creado a sí mismo de la nada, deberían molestarse en leer, no autores antisemitas, sino a escritores hebreos: el erudito profesor Werner Sombart[11], de Berlín, es un ejemplo. Veríamos así que los sionistas, sin pensar

---

[11]Małyński desconoce que, en realidad, Werner Sombart no era de origen hebreo, pero sí había escrito sobre la relación entre la religión judía y el capitalismo en muchas de sus obras. Tal es el el caso de los judíos y la vida económica, disponible en castellano.

en negarlo lo más mínimo, son los primeros en jactarse del hecho de que la sociedad y la civilización son deudores del inconmensurable beneficio de la creación del capitalismo. Al margen de la conclusión, según la cual, el capitalismo sería un beneficio para la humanidad, nosotros convenimos en general con tal opinión y, aprovechando la ocasión, confesaremos que más allá de nuestras consideraciones personales, especialmente de aquellas tomadas respecto a los autores hebreos, que es de estos autores de donde hemos extraído la mayor parte del material utilizado en relación a lo que hemos escrito sobre el capitalismo.

Los escritores antisemitas no parecen ver en el capitalismo sino un fenómeno normal de nuestro tiempo, del cual quizás los sionistas sacan más provecho que otros. Ellos no tienen ojos más que para la masonería y las sociedades secretas, cuyo «misterio» golpea a la imaginación. Así pierden de vista el hecho de que el propio capitalismo moderno es la mayor sociedad secreta. También lo engranajes más ocultos de su estructura nos son desconocidos, como son desconocidos, por otro lado, a la mayor parte de los capitalistas, pero sin embargo ellos cubren el mundo moderno con las redes de sus innumerables ramificaciones. Así, estas ramificaciones son los tentáculos de la gigantesca mafia, de la cual no llegamos a divisar la cabeza o a saber donde se encuentra ésta — pero a juzgar por la admirable coordinación de todos sus movimientos, en vista de un objetivo que implica a todo el mundo, podemos deducir que existe y es una sola.

La historia de los ghettos medievales es poco conocida por nuestros contemporáneos, sin embargo estaría bien que fuese conocida con mayor profundidad. En términos generales se suele considerar que sus habitantes vivían del comercio, lo cual, sin ser completamente falso, no es cierto en su totalidad. Sería más correcto decir que los habitantes de los ghettos vivían del comercio del dinero —en otros términos, del préstamo y la usura— y obtenían considerables beneficios porque eran los únicos en poseer tal licencia, tolerada por la Iglesia, durante el medievo y los dos primeros siglos de la historia moderna. Ya entonces ellos eran riquísimos, en el sentido en el cual este término es usado hoy: entonces tenían muchas riquezas «móviles», piedras y metales preciosos. Siguiendo las indicaciones del Deuteromonio y el Talmud, prestaban sus contratos de prendas[12] a los nobles jóvenes, sin tratar de recuperarlas, obviamente, por los intereses sobre las sumas prestadas, y cada préstito o interés sobre este contrato era considerado como usura. Por el contrario, a día de hoy, la usura asume tal nombre, sólo a partir de una cierta tasa de interés, considerada de forma distinta en función de las naciones: en todos los demás casos se trata del crédito — fundamento de toda la economía capitalista.

Si juzgamos hechos de otros tiempos con los ojos del hombre de hoy, concluimos frente a los incrédulos, en que los habitantes de los ghettos eran más ricos que los más poderosos de aquella época, que los señores feudales. Éstos últimos poseían poco oro y poco dinero: su potencia se fundaba sobre el hierro, y su opulencia sobre la tierra, que era la que le nutría y le vestía; y así ocurría con todos los hombres de armas, también los caballeros y aquellos súbditos que trabajaban la tierra. Etimológicamente el régimen feudal es el régimen del hierro. Solo a partir de la guerra de los treinta años aparecieron los ejércitos mercenarios, pagados en moneda, con dinero, y que debían recurrir a los ghettos, a menos que no quisieran extorsionar a las ciudades. Y el oro tomó el puesto del hierro como fuerza motriz de la guerra.

Por lo tanto, todas las guerras concluyeron con el beneficio de los habitantes del ghetto, donde se amontonaron los metales preciosos, cuando el préstamo y el interés fueron oficialmente permitidos, así como el préstamo bajo contrato, coincidió también con el hecho de que el capitalismo comenzó su fortuna. Desde este punto no había más que un paso hasta llegar a los títulos al portador, a los préstamos y a los cambios negociables, a las grandes sociedades anónimas y de responsabilidad limitada: a todo este aparato financiero que tenemos el infortunio de conocer y cuyos rudimentos comenzaron

---

[12]El «contrato de prenda» es una relación contractual o de préstamo en la que el deudor entrega un bien material como garantía de pago al acreedor que, en el caso de no ver satisfecha la deuda, se queda en propiedad. Es un tipo de contrato muy antiguo que ya recogían los códigos legales romanos. (N.d.T)

a tomar forma en los ghettos. Lo que ocurrió, fue que la revolución había resquebrajado cruelmente la potente armadura de las asociaciones medievales en el nombre de la libertad, solamente para que una nueva y más poderosa armadura, aquella de las sociedades financieras, pudiese tomar inmediatamente su lugar, en virtud de aquella misma libertad.

Las antiguas asociaciones estaban basadas en la vecindad, dado su fundamento cristiano —«próximo» y «cercano» significaban la misma cosa—, y sobre la afinidad, en su articulación en la medida del hombre: incluso el interés derivaba de la afinidad, tratándose de un interés puramente profesional. La sociedad de nuevo tipo —impregnada del espíritu hebraico—, por el contrario, se basa solamente en el interés, un interés interprofesional teniendo como único objetivo el dinero. ¿La revolución no ha suprimido entonces unas solo para permitir el desarrollo de las otras? Si el complejo de la revolución —si designamos con este nombre a una asamblea oficial— ciertamente no ha tenido un propósito similar, lo han tenido sin más los iniciados de las sociedades secretas, haciéndolo aprobar por otros que no sabían ver en profundidad y se limitaban a considerar los efectos inmediatos. Aquello que importa es que el resultado ha coincidido con las expectativas: «quitar de allí al sistema feudal para que pueda colocarme yo, el sistema capitalista».

El sionista, fortalecido en su oro antiguo y en sus nuevas libertades, se ha apoderado rápidamente de los individuos «individualistas», que abandonados a sí mismos, continuaban disfrutando a título individual de los propios castillos, fábricas, inmuebles, oficinas y talleres. Otros continuaban disponiendo, también a título individual, de sus cerebros y sus músculos: perro ambos, por el hecho de haber sido «liberados», estaban en las mismas condiciones que aquellos átomos arrancados de sus compuestos químicos, que buscan otros átomos para formar nuevos compuestos. Sin embargo, dado que no era una cuestión de afinidades químicas, estos átomos humanos se convirtieron en nómadas y se agregaron ahora aquí y ahora allá, siguiendo la ley de la oferta y la demanda, siguiendo los auspicios del vigilante hebreo, que por necesidad, financiaba estas uniones pasajeras en la mayor parte de los casos en los que su espíritu estaba presente. De modo que el hebreo se ha prefijado el objetivo —en general un trámite intermedio— de organizar la sociedad moderna de tal forma que se transforme en un inmenso lago de agua turbia, en la cual bastará con lanzar la red o el anzuelo, porque el código de los ghettos se habrá convertido en ley común.

La obra de la revolución y la democracia igualitaria ha consistido en desarticular, diremos casi en oxigenar la sociedad, desmontando toda su armadura: sin embargo, esta oxigenación no era completa porque todavía existía una segunda armadura. Ni en la revolución de 1789 en Francia, ni más tarde con las revoluciones del siglo XIX en Europa, ni la democracia en general en su primera fase, antes del advenimiento del socialismo, habían pensado en destruirla: más bien parecía lo contrario, que la hubiesen reforzado. Me refiero a la propiedad personal e inmobiliaria, tangible y real —un término, éste último, tan verdadero, que actualmente en Inglaterra se le llama «bienes raíces», riqueza real— reforzando el concepto de propiedad privada, la revolución y la democracia de los comienzos, han sido coherentes consigo mismos, porque la propiedad privada es el lugar, el único lugar en consonancia con la libertad personal. Más allá de la propiedad privada, en una propiedad comunal y social, como lo es, por ejemplo, la calle o una plaza pública, la libertad personal no es imaginable, ya que entraría en conflicto con otra libertad personal, teniendo también ésta el derecho al respeto en un ambiente social en el que reine la igualdad.

Evidentemente la revolución, como la democracia que es su continuadora, no podía cometer la grave incongruencia de proclamar la libertad aboliendo al mismo tiempo la propiedad. Pero la revolución, junto a su democracia, no es sino una de las manifestaciones de aquello que llamamos la subversión en general. Hay otros, que se intercambian los objetivos entre ellos, para que la segunda lleve a término todo aquello que no ha alcanzado a concluir en la primera, y pase entonces a la tercera tras haber desarrollado la particular función que le había sido asignada. Solamente los iniciados, aquellos que están al corriente de los secretos del diablo, y de quien son el vicario visible sobre la tierra, establecen los vínculos necesarios y coordinan las diversas manifestaciones. Dirigidas hacia un mismo fin, éstas son organizadas de tal modo que no dejan filtrarse nada que pueda parecerse a un plano general. Todo para que la masa permanezca tenazmente persuadida de que cada una de estas manifestaciones es un hecho aislado, sin relación con los demás, con un objetivo y un fin en sí mismo que expresa y acaba en un programa oficial.

¿Por este motivo la democracia ha abolido cierto tipo de asociaciones, bajo el pretexto de que no debería existir un Estado en el Estado, ni diversidad de condiciones entre los ciudadanos? ¡Sin embargo, gracias a ella se desarrolla una inmensa red de desigualdades y de verdaderos Estados dentro del Estado, y más tarde también en torno a las fronteras de los Estados nacionales! Cuando, a causa de la propia inconsciencia o por la falta de profundidad en las propias visiones, se da cuenta de que se ha equivocado de camino sin saberlo, cuando no podía más que dudar, ¿por qué la democracia no se ha dado prisa en ensañarse contra las nuevas asociaciones tan implacablemente como lo había hecho con las precedentes? ¿Por qué la democracia ha proclamado con tanta solemnidad «urbi et orbi» el dogma intangible de la propiedad individual, única base para el desarrollo de la verdadera libertad del individuo?¿Por qué ha fracturado el ordenamiento medieval, bajo el pretexto de que se trataba de un obstáculo para el desarrollo del individualismo y la propiedad, mientras se ha consentido el crear toda una estructura de nuevo tipo que habría conducido fatalmente a la atrofia progresiva del individualismo y la propiedad? ¿No consiste quizás el verdadero individualismo en ser propietario absoluto de una fábrica o el dueño contrastado de una tienda, en el aliarse con otros propietarios y tenderos para defender los intereses comunes?

Por el contrario, no creemos que ello consista en la posesión de cualquier hoja de papel que deba rentabilizarse en un determinado interés, y que no se puede hacer nada para rentabilizar más o impedir que un momento dado se rentabilice menos, o incluso absolutamente nada. Quizás no exista mayor individualismo que en ser

empleado de un patrón personal, que en el ser empleado impersonal, llamado obrero o división del trabajo, de un patrón impersonal
llamado capital. Bajo el régimen capitalista no ya no existe la propiedad individual: existe solo una posibilidad de participar en la
propiedad social, común — exactamente como en el socialismo o
el comunismo. Sin embargo el capitalismo no golpea al individuo,
porque presenta las ventajas prácticas de la propiedad sin tener los
inconvenientes y transfiere al individuo la plenitud de la mentalidad
socialista sin que éste dude en un principio, y ellos han dejado de
ser un individuo y un propietario para acabar convirtiéndose en un
miembro anónimo de algo que no está en condiciones de comprender. El capitalismo es, para la psicología humana, un compromiso
indispensable entre la propiedad y el socialismo: un puente tendido
sobre el abismo, cuya construcción ha sido promovida en la primera
fase de la revolución y la democracia heredera de la misma tradición, con el fin de que la humanidad pase al lado sin darse cuenta de
como nos ha llegado. Cuando el pasaje se haya efectuado, el puente, cumplida su función, será destruido para que nadie pueda dar
marcha atrás.

Y advierto aquello que tenemos ante nuestros ojos: La revolución, en su segunda fase, descarga sus propios rayos, en especial
contra el capitalismo, que en la primera fase ella había creado a
través de sus propios recursos para sustituir al feudalismo, y contra el burgués, respecto al cual había plasmado precedentemente
su propia sustancia, para sustituir a los «aristócratas iluminados».
Debemos admitir que la ejecución de tal plano unitario requiere de
muchos años. La revolución francesa, con su forma particular de
democracia, ha representado solamente una maniobra estratégica
de este plano infernal y grandioso, persiguiendo como objetivo la
unión de las fuerzas existentes, según un proyecto inicial. Entonces
vemos que todo se agota en esta concatenación de causas y efectos
en armonía con las leyes de la lógica más estrecha.

Comprendido tal concepto, todo, como si fuese efecto de una
acción milagrosa, nos aparecerá claro y transparente en la historia
moderna y contemporánea. Estamos en condiciones de juzgar, cual

genio satánico, a aquel que ha reunido en el movimiento inicial estas dos palabras: libertad e igualdad, que son los términos de la tentación y la recíproca contradicción querida por quien la inscribió en su estandarte —y que muchos siglos antes de la era democrática las Sagradas Escrituras habían puesto en boca de Satanás— . Esta contradicción la hemos podido revelar en la democracia pura, cuando hemos afirmado que, en virtud de la igualdad política del individuo, el dos no siendo igual al uno, de modo que el uno no es libre de actuar contra la voluntad del dos. Sin embargo, en la práctica, ninguna libertad e igualdad justa se deriva de la igualdad política. También lo hemos podido revelar en la híbrida combinación democracia-nacionalismo, cuyos elementos constitutivos son incompatibles entre ellos. Ahora veremos como las contradicciones no son menos violentas en el capitalismo.

En efecto, nacido de los principios de libertad e igualdad, y no dejando de profesar tales principios, esto no ha hecho más que hacer todavía más profunda la dependencia y la desigualdad entre las clases. Ya la democracia contenía en sí misma, en su principio fundamental, una auténtica incoherencia: la igualdad política sin la igualdad económica. Un hombre que para vivir depende de otro hombres no es libre, y esta es una realidad que ningún principio puede modificar: el segundo es libre, pero libre de dejar morir de hambre al primero, mientras el primero, cuando es fiero y quiere disfrutar de su libertad, no encuentra más que aquella de morir de hambre si no quiere obedecer. Incluso en tiempos de esclavitud, el patrón no podía obligar al esclavo a hacer aquello que no quería: sólo podía castigarlo y chantajearlo en su obediencia a causa de su debilidad frente al sufrimiento. Pero si el esclavo era lo suficientemente fuerte como para vencer el sufrimiento, y eventualmente la muerte, él era libre y moría libre. Este era el caso de los mártires cristianos que desafiaron la majestad del César, señor del mundo, porque el hombre ha sido creado libre por Dios y nadie puede quitarle tal libertad, sino él mismo en virtud de la misma libertad.

En el fondo, esta es la única libertad —congénita y primordial— que hace al ciudadano libre e igual, bajo el régimen capitalista nacido de la libertad y la igualdad: sólo es posible ser libre venciendo el sufrimiento y, eventualmente, la muerte — si para él este sufrimiento no viene dado por la frustración, sino por la miseria y la muerte,si no viene dada por el hacha y la cuerda, sino por el hambre y el frío. En las sanciones disciplinares se respeta hoy un poco más aquello que, convencionalmente, se viene a llamar dignidad humana, y es todo; pero, de hecho, esto representa solamente una diferencia aparente, algo que recuerda al gesto de los sultanes, los cuales no ordenaban que se ejecutasen a sus pachá, sino que les hacían llegar la cuerda para que se ahorcasen ellos mismos. Sin embargo, un cambio, un «progreso» existe, pero en detrimento del pobre. Desde el momento en que es libre e igual al rico, el pobre les vende su mercancía —el trabajo— a cambio de otra mercancía —el salario—. ¡Y esto de igual a igual, de hombre libre a hombre libre! Aunque esta ficción choca contra la realidad misma, que es la desigualdad: desigualdad que, por una formidable contradicción, estaba excavada más profundamente que la revolución francesa. De hecho, ésta, absorbiendo las asociaciones profesionales ha dispersado a los trabajadores, a los futuros asalariados y a los pobres, eliminando todo apoyo y convirtiéndolos en individuos aislados y abandonados a sí mismos. Más allá de esto, la libertad ha permitido, e incluso tácitamente ha promovido, la unión de los hombres de negocios, aquellos que especulan con el trabajo ajeno, de los nuevos ricos anónimos del capitalismo, sionistas y burgueses, creados por la misma revolución junto con la libertad y la igualdad.

En ésta época el socialismo, el sindicalismo o el estatalismo no existían todavía o eran considerados subversivos: debemos hablar solamente del capitalismo frente a la democracia. Nos encontramos ante dos rupturas de equilibrio, ambas determinadas por la revolución francesa: una política, a favor de los pobres, que están en igualdad de condiciones ante el voto respecto al rico, pero siendo infinitamente más numerosos; la otra económica, a favor de los ricos, que tienen derecho a formar grandes sociedades anónimas —sin hablar de las sociedades secretas— sirviéndose de la libertad. El resultado lógico de esta segunda ruptura de equilibrio ha sido la efectiva abolición de las ventajas de la relación entre la oferta y la demanda. El rico, aquel que eventualmente requiere de los bienes-trabajo, deja de ser el competidor de otro rico en el ofrecimiento del salario y requerimiento de trabajo, porque deja de tener un rostro y de ser una persona definida: de hecho, ellos se transforman en un capitalismo que, a menudo, presentan el mismo aspecto, mientras que los pobres que ofrecen este trabajo mueren de hambre si la ofer-ta no es aceptada, llegando a ser aislados y divididos. Ciertamente, estos últimos continúan siendo seres humanos, pero la otra parte no los considera como tales, no viendo en ellos nada más que un bien que trabajan por una cantidad de dinero al día o a la semana.

No existe en esto maldad o inhumanidad, sino solamente la lógica consecuencia del intercambio de relaciones. Vosotros estáis interesa-dos por un servidor, al cual consideráis como uno de casa, pero no tiene porque existir ningún motivo por el cual interesaros respecto a un desconocido que ofrece un bien tras una compensación regu-lar, según un contrato entre partes iguales. Aunque se tratase de los mejores hombres del mundo, os interesarían solamente como un bien impersonal, porque donde no existen más derechos personales no hay ni tan siquiera deberes personales. Vuestro interés será toda-vía menor si no sois ni buenos, ni malos, y ni tan siquiera hombres, solamente engranajes que consumen un bien.

Este nuevo género de relación no se debe, ciertamente, a un desarrollo de la industria o al número de brazos empeñados en ésta. Un coronel, puede interesarse, uno por uno, de todos los soldados de su regimiento, porque tiene la responsabilidad sobre cada uno de ellos, y porque es el jefe. Pero el capitán de la industria —y con mayor razón quien la financia— no es, en efecto, el jefe de nadie: él es parte igual del mismo contrato entre ciudadanos libres e iguales a cambio de un bien que se corresponde con las leyes de la oferta y la demanda. Sin embargo, hace uso de su ventaja cada vez que la relación oferta-demanda está a su favor, y no hace otra cosa que comportarse como lo haría la otra parte si se invirtiesen las funciones.

Así que, en esta fase del capitalismo, en la cual solamente los efectos de la democracia se hacen sentir y el socialismo no podría producir sus propios efectos, la relación oferta-demanda está siempre a favor del capital. Se trataba de un bloque más o menos uniforme, en desventaja del trabajo, que todavía no se ha organizado y aparecía como una ruptura de las unidades humanas «liberadas» de sus respectivas funciones, como consecuencia de la revolución francesa. El resultado es uno más de los viejos cuadros de la galería de las contradicciones modernas: el pobre es el siervo del rico en todo aquello que concierne a la economía, como consecuencia de la libertad y la igualdad, mientras que el rico es el siervo del pobre en lo que respecta a la política, siempre gracias a la libertad y la igualdad. Sin embargo, en realidad, solo en la teoría él es siervo del pobre bajo la perspectiva política, mientras que en la práctica, en la vida, el pobre es económicamente esclavo del rico.

Cuando se explique al pobre que, todavía y siempre, como consecuencia de aquella fuente inagotable de contradicciones que es la democracia, él posee todos los derechos constitucionales para transformar en práctica la teoría política, la hora del socialismo llegará. El advenimiento de ese momento será inevitable, dado que la sociedad no puede descansar eternamente sobre las contradicciones y sus paradojas, pero esto podrá suceder, evidentemente, sólo a costa de los «eternos y grandes principios» de igualdad y libertad. Entonces, el socialismo será el duelo a muerte de dos «grandes principios», incapaces de coexistir: el antagonismo entre igualdad y libertad, la ofensiva —preordenada por la revolución francesa, su matriz común— del igualitarismo contra el liberalismo.

Nos parece ingenuo suponer, repetimos, que este enfrentamiento futuro, cuyos elementos saltan a la vista ya en los inicios de la revolución francesa, haya sido provocado inconscientemente, sin ningún tipo de premeditación por parte de sus auténticos iniciados. Los contornos de un plano estratégico a largo plazo se diseñó de forma demasiado brusca tras el cúmulo de aparentes contradicciones, que tienen la única función de velar por el conjunto de una conspiración admirablemente concebida, en la cual todo está coordinado y los efectos inteligentes son concatenados con causas inteligentes según un orden determinado precedentemente.

Pero pasemos ahora a un nuevo elemento de la contradicción contemporánea: la relación capitalismo-nacionalismo. Teóricamente, se diría que son como dos trenes lanzados a la máxima velocidad, sobre una única vía, el uno contra el otro. Pero las arenas movedizas de esta democracia cubren esta vía reduciendo ostensiblemente la velocidad, cuyo único desastre consiste en el terror y el alboroto de la plebe obtusa que ve aproximarse la tragedia... pero ésta no se producirá porque los conductores de los dos trenes son viejos amigos que han superado los exámenes a la sombra de los centros de poder- no nos referimos a los viajeros, que a veces están realmente aterrorizados o se sienten combativos. A modo de catástrofe, el capitalismo se concede, a menudo, el lujo de un desencuentro entre dos nacionalismos, lanzándose al uno contra el otro. En este juego hay dos contendientes, habiendo entonces un árbitro y decidiendo que no hay vencedores ni vencidos — lo cual no es del todo falso, porque ambos lados se han reducido, más o menos, a pedazos. Pero aunque no existan vencedores ni vencidos, del choque ha nacido un ganador, cuya victoria toma en su entero beneficio.

Donde existe un antagonismo congénito no es entre los nacionalismos, sino más bien entre el nacionalismo y el capitalismo. Sin embargo, la posibilidad de éxito no es —siempre por los mismos motivos— lo que es válido para ambos, y nos obliga a repetir una vez más: que el capitalismo es uno para toda la humanidad, como permanece unido el sionismo, que es su núcleo y polo de atracción. Su interés es en todas partes el mismo, porque representa la impersonalidad y la ubicuidad que no conoce rostros ni países; por el contrario, los nacionalismos se refieren a lugares y a seres bien determinados, representan la división y fragmentación de la humanidad.De aquí deriva la ventaja adquirida por el capitalismo y el sionismo ultra-nacionalista que tras él se esconde, que repara y protege bajo su espesa corteza internacional. De aquí es fácil deducir que el interés del capitalismo es exasperar hasta el infinito los antagonismos nacionales y multiplicarlos ulteriormente, favoreciendo la proliferación de sus vehículos; las naciones. Se busca que existan el mayor número de combatientes durante las guerras, y de enemigos irascibles durante los intervalos de paz.

Tal relación entre capitalismo y nacionalismo es la menos estudiada de nuestra época, y resulta una de las más oscuras para nuestros contemporáneos. Sin embargo ésta constituye el «*leivmotiv*» de las grandes tragedias de nuestra generación. Generalmente se cree que el capitalismo internacionalista y el nacionalismo, a menudo antisionista, son enemigos acérrimos. Lo que es evidentemente cierto, dado que sus principios son incompatibles e irreconciliables: pero parece no comprenderse que, justo por esta razón, el fin de impedir un frente unido de todos los nacionalismos, o de una especie de Internacional nacionalista, el capitalismo exacerba los antagonismos nacionales. Para conseguir este objetivo, el capitalismo se esfuerza en hacer a los nacionalismos todavía más nacionalistas, creando entre ellos muchas intransigencias chovinistas, basadas en la envidia y otras tantas iras irreductibles, de modo que éstos no puedan comprenderse ni estrecharse la mano más.

El capitalismo va más allá, suscitando odios nacionales, incluso allí donde éstos nunca habían existido: esto es comprensible, porque cuantos más existan, mucho menos claro se verá el terreno para un entendimiento entre nacionalismos frente a los enemigos comunes y eternos. Más allá, para dar vida a un nuevo nacionalismo, es necesario pagar las consecuencias de un nacionalismo preexistente. Su nacimiento tiene lugar en fatal correspondencia con el surgimiento de nuevas animosidades recíprocas, en modo alguno originarias —lo que contribuye a hacer todavía más difícil el entendimiento tan temido. Nos encontramos aquí ante una verdadera y justa paradoja —al menos eso parece—: se advierte entonces por qué capitalismo y nacionalismo son, el uno respecto al otro, incompatibles e inconciliables en relación a un principio, el capitalismo pone en movimiento los mecanismos de su propaganda para reforzar y exasperar hasta la histeria a los irredentismos nacionales.

Ya hemos explicado cómo el nacionalismo moderno es un sentimiento más negativo que positivo: éste es, ante todo y sobre todo, una fobia frente a todo aquello que es «extranjero» — similar a aquella de los profetas hebreos, que exaltaban al Pueblo elegido entre todas las naciones. No se trata, como se podría creer, de una fuerza de solidaridad fraterna que cohesiona a los miembros del interior de una comunidad nacional.

La democracia ha velado para que su vástago nacionalista quedase convenientemente depurado de todo residuo tradicional, porque el tradicionalismo es aristocrático. Quiere despojarlo de todo sentido de fidelidad, porque la fidelidad es un sentimiento medieval, y como tal contrario a la «dignidad humana» y el igualitarismo. En cuanto a la solidaridad, en tal contexto ella se revela menos como el efecto del amor entre aquellos que se aman y se sienten cercanos, que el resultado del odio entre aquellos que eran más detestados de cuanto sucediese entre los mismos compatriotas. ¿Es posible hablar de amor entre la mayoría de los pobres que machaca la minoría de los ricos sobre el plano político, y la minoría de los ricos que explota y reduce a la servidumbre a la mayoría de los pobres sobre el plano económico? Evidentemente no, y cuando se da la impresión de hablar así, como se entiende especialmente en los discursos, nueve de cada diez veces no se cree ni tan siquiera en aquello que se dice.

Resumiendo: por el contrario, el nacionalismo democrático, en lugar de valer como cimiento en el plano nacional, se revela como un fermento sobre el plano internacional, donde impide la unión ofensiva y defensiva contra el enemigo común de todo aquello que en el mundo entero es digno de respeto, colocando de esta forma los elementos superiores y más cualificados de nuestro pueblo en estado de manifiesta inferioridad frente a la alianza internacional de todas las fuerzas subversivas, estrechamente solidarias entre ellas. Y repetimos que la forma de salir de este gigantesco error no es sino consolidando los vínculos entre los individuos de cada nación singular — salvo en el caso de un peligro mortal.

Un nacionalismo de este género no representa peligro alguno para el capitalismo internacional. De tanto en cuanto éste les deja calmar los nervios dejándoles despotricar contra ellos (evidentemente sin que haya ningún mal subsiguiente), porque sabe que esto le recompensará ampliamente, dándole a cambio los más diligentes servicios. De hecho, los nacionalismos no se limitan a asegurar la tranquilidad impidiendo la creación de una internacional eficaz, sino que en caso de necesidad se transforman en sus policías y soldados.

Tomemos como ejemplo una sociedad anónima de sionistas afincados en Francia, anónimamente financiados a su vez por otros residentes en Inglaterra que rentabilizan algún negocio o explotan a alguien en un lugar cualquiera de Abisinia o Perú. Supongamos por un momento que ésta se encuentra en contraste con los gobiernos nacionalistas de estos países, preocupados de proteger a sus propios ciudadanos contra la invasión capitalista. De pronto, el nacionalismo francés se olvida de su aversión hacia el capitalismo y de la simpatía que debiera suscitarle otro nacionalismo, y blande la espada porque el interés, e incluso el honor, de Francia le parece que está en peligro. La realidad es bien distinta: el interés y el honor de Francia, considerada como un conjunto orgánico de intereses políticos y económicos, no han sido puestos en juego, sino que, por el contrario, han sido aquellos de algunos hombres de negocios internacionales, bajo el perfil económico peruano o abisinio hoy, como mañana podría ser chino o javanés — que han nacido de padres franceses, muy a menudo sin poseer parentesco alguno con los habitantes de susodicha nación.

El sentido de los negocios puede encontrarse por completo fuera de los engranajes económicos de Francia y ser incontrolables por parte de las autoridades fiscales francesas: esto no impide que estos capitalistas sin patria se cubran con la bandera francesa, esto con el apoyo del desconfiado nacionalismo de una Francia que no consentirá ser humillada por Abisinia o Perú — y todo esto para salvaguardar capitales, de los cuales los franceses jamás verán un solo céntimo.

Es posible, y también probable, que estas sumas tuteladas vayan a alimentar, pocos meses después, una sociedad anónima bajo bandera alemana: será entonces otro nacionalismo el que tome el encargo de protegerlo, con el mismo provecho para Alemania y los alemanes. Y, muy probablemente, una parte de aquel dinero ganado tras la intervención francesa anterior, y de aquella alemana posterior, irá a parar a la prensa de estos dos países para alentar a ambos nacionalismos, el uno contra el otro.

La multiplicidad de nacionalismos, permanentemente enardecidos por la propaganda capitalista, permite al capitalismo preparar, entre ellos, choques inevitables. En lugar de mirarse con hostilidad, dispuestos a saltarse a la yugular, los nacionalismos europeos deberían reconciliarse entre ellos. Esta paz, sincera y duradera, debería estar fundada sobre el cumplimiento de sus recíprocas demandas — y el mundo es lo suficientemente amplio para que todos encuentren su lugar. Si entonces, para completar la obra, los nacionalismos se federasen hasta constituir una sólida unidad en su legítima diversidad, entonces la antinomia congénita existente entre nacionalismo y capitalismo estallaría de inmediato, y uno de los dos se vería obligado a quitar del medio a su adversario, porque los principios que rigen estas dos realidades son inconciliables, como lo son el agua y el fuego.

Capítulo V

Incompatibilidad entre nacionalismo y capitalismo - Los Imperialismos - El estatalismo socialista

EL fundamento del nacionalismo es la propiedad. La propiedad personal, porque está vinculada a personas determinadas aunque en número considerable; territorial, porque forma parte de un territorio rigurosamente preciso y definido; hereditaria, porque es transmitida de padre a hijo como en una especie de dinastía,colectiva, pero no impersonal; soberana porque rechaza toda forma de injerencia extraña a estas personas y límites establecidos, en virtud de un derecho permanente que no reconoce ni la fuerza, ni el número de las unidades partícipes en esta eventual injerencia; y finalmente tradicional, porque a pesar de las divagaciones de ciertos nacionalistas de las ideas llamadas «avanzadas», extrae la razón de ser en su perpetuarse, únicamente de la estabilidad de la tradición histórica.

Los fundamentos del capitalismo se encuentran justo en las antípodas de las condiciones anteriormente expuestas. En éste la propiedad no es solo social, sino impersonalmente social: por decirlo mejor, y adoptando la expresión de sus mismos economistas, ésta es nómada. Del mismo modo en que los beduinos plantan su tienda allí donde se encuentra el agua, la caza y lo necesario para encender el fuego, o la hierba fresca para los carneros y las cabras, el capitalismo acude con su caravana allí donde encuentra cobre, caucho y carbón. Poco importa el país en el cual éstos se encuentran, el aspecto y las tradiciones de sus habitantes, desde el momento en el que las riquezas están presentes, lo demás no le interesa sino por su específica utilidad. Le interesan solo porque pueden ser intercambiadas con aquel denominador común de todas las riquezas; que es el oro o el dinero, el objeto más huidizo y nómada por excelencia, que pertenece a todos los países y a ninguno.

La propiedad capitalista no es soberana, dado que la soberanía es un derecho unilateral y permanentemente ejercido sobre un espacio bien delineado y sobre personas determinadas, mientras que el capitalista solamente posee los derechos «equivalentes» y provisionales resultantes del juego de la oferta y la demanda. La totalidad de su potencia está subordinada a la libre voluntad del intercambio, lo que equivale a decir que, en la práctica, puede tener derechos sobre todo, pero en la teoría no tiene derecho sobre nada.

Por mucho que pueda resultar extraño, el más rico de los capitalistas se asemeja más a un proletario que a un propietario, desde el momento en el que, como el proletario, él moriría de hambre si su oferta fuese rechazada: como el proletario sería riquísimo, si su oferta, por ejemplo una invención, fuese muy demandada. Por lo que respecta a los derechos y los deberes, ni uno ni otro de los dos tipos representativos del sistema capitalista sabe lo que estas palabras significan. Desde el momento en el que el trabajo es una mercancía que cada uno lleva consigo mismo, estos nómadas disponen únicamente de las mercancías ambulantes a intercambiar de la forma más lucrativa posible.

El régimen capitalista, revelándose en la práctica como un régimen de sumisión y de total esclavitud, es al menos en teoría un régimen independiente y de total libertad. ¿Pero qué libertad? Es la libertad de los sin-patria, de los bohemios, de los nómadas que no tienen conciudadanos, solo clientes, que están privados de casi cualquier propiedad. Ellos poseen solo aquello que adquieren para revenderlo y conseguir cualquier otra cosa, resultando de ello una ganancia. Esta ganancia es el objetivo y el fin de todo, porque, funcionando desde lo equivalente y convencional de todo, establece las condiciones para que todos tengan la misma opinión y reconozcan la validez de esta convención, que ellos no tendrían ningún deber de reconocer.

Para el nacionalismo, los hombres y la tierra lo representan todo: una tierra dada y hombres determinados — he aquí todo el nacionalismo.

Para el capitalismo todo esto es inexistente, tratándose solamente de medios para multiplicar el capital valorado en oro: más allá de este punto más o menos fijo, todo lo demás es inestabilidad, movilidad, ubicuidad e impersonalidad. Sería difícil encontrar un término que, teniendo conexión con el capitalismo, no se encuentre en las antípodas de la definición correspondiente al concepto de nacionalismo. Se termina por preguntarse, no sin sorpresa, como dos cosas tan dispares bajo todo género de relaciones (hasta el punto de que aquello que es blanco para uno es invariablemente negro para la otro), puedan coexistir en la misma época y bajo los auspicios de la misma civilización, ¡y estar ambas en pleno florecimiento y expansión desde hace casi tres cuartos de siglo! Y sobre todo, ¿cómo pueden estar de acuerdo desde el momento que vemos a los capitalistas que se califican como fuertemente nacionalistas? ¿Ellos lo son, quizás mienten, o realmente no saben lo que dicen? Al menos para un gran número de casos, tendremos propensión a acogernos a la tercera hipótesis.

No es un verdadero nacionalista quien no dice: «Francia para los franceses», «Inglaterra para los ingleses» — lo que implicaría que, desde la posibilidad de conseguir ganancias, deberían ser excluidos los ingleses en Francia y los franceses en Inglaterra, y así en todos los países en los que floreciera el nacionalismo. Esto equivaldría a decir que en todos los países no existe un capitalismo internacional, sino solamente un capitalismo francés, inglés, alemán o italiano. Pero un capitalismo de tal género no podría durar mucho, por el simple hecho de que resultaría contrario a los intereses de los capitalistas, los cuales tratan de encontrar la vía de menor resistencia en torno a los hombres, lenguas, Estados y fronteras. Ambicionan conseguir las mejores condiciones, conseguir préstamos sólo a intereses mínimos, sin dar importancia al lugar de procedencia del artículo, al pasaporte del vendedor o a quien efectúa el préstamo: prestar o vender al precio más alto sin ocuparse demasiado de las restricciones indicadas que interesan a la idea nacionalista, pero que no dañan en lo más mínimo al interés capitalista.

Aquí explicado, repitiendo esta verdad de perogrullo del capitalismo, es el conflicto que toma forma entre este interés y aquella idea. El ideal del nacionalismo sería un territorio nacional que fuese autosuficiente y no tuviese necesidad de pedir nada a los vecinos. En efecto, cualquier forma que tome el asunto, cuando se pide algo a alguien se nos pone en una relación de dependencia respecto a ese alguien. Ahora, si bien es rara que tal interdependencia sea matemáticamente «equivalente», ella lleva de forma embrionaria, para una de las partes, un atentado hacia aquella soberanía, o hacia aquel sentimiento de total dependencia —por no decir de supremo aislamiento— respecto a la cual todos los nacionalismos son particularmente recelosos.

Sería solo el nacionalismo quien realizase este ideal, mediante sacrificios personales por parte de los nacionalistas, desde el momento que no se obtiene nada a cambio de nada. Necesitaría que éste tomase conciencia de aquello que es, y comprendiese como en este ámbito, al igual que con todas las cosas, quien quiere el fin debe querer también los medios. Comprender aquello que está verdaderamente en su esencia, significa comprender que la célula constitutiva de la propiedad nacional —parte integrante del nacionalismo— es la propiedad personal de los ciudadanos. Si un nacionalismo quiere ser un solo bloque, homogéneo, y en una palabra verdaderamente vital, cada una de las partes que lo componen debe reflejar claramente aquellas partes constitutivas: «Aquello que es en lo mayor como aquello que es en lo menor, tanto aquello que está en lo alto como lo que está en lo bajo»: El microcosmos en el macrocosmos. Un bloque de acero no puede estar compuesto de moléculas de cobre, porque en tal caso deja de ser un bloque de acero. Respecto a todo los demás, éste es distinguido exteriormente desde el color cobre, he aquí en lo que se están convirtiendo los nacionalismos sin darse cuenta, pese a las turbulentas declaraciones: éstos llegarían a ser bloques de acero si insistiésemos en no querer reconocer esta verdad esencial.

Dado que el nacionalismo desea mantener una propiedad territorial, y una soberanía distinta y puramente nacional, las partes que lo constituyen no pueden ser parte de la ubicuidad, sino de las propiedades territoriales. Sería como bajo el Antiguo Régimen, con la aportación, hoy indispensable, de las clases industriales que en un tiempo se encontraban en un estado rudimentario. Estos últimos no modificaron, en modo alguno, el principio, y no participaron todavía en la formación del capitalismo, desde el momento en el que las varias propiedades tienen como objetivo la producción para el consumo y el bienestar de los nacionalistas, y no la acumulación de riquezas convencionales para una nueva clase de privilegiados.

El lujo de estos nuevos privilegiados y sus satélites, verdaderos parásitos del capitalismo, habría perdido, pero el bienestar efectivo de todos, ciertamente, ganaría. Entonces los nacionalistas sí podrían gritar: «Alemania para los alemanes», «Italia para los italianos». Pero a día de hoy, desde hace ya algunos decenios, ¡estas grandes palabras hacen reír! Es el secreto de Pulcinella, que estos exclusivistas franceses, alemanes e italianos, son todos chovinistas, y se visten todos con la lana de Australia y Argentina, con la seda de China o Japón, el algodón de Egipto, las pieles de Canadá o Siberia, comen carne de res congelada de Chicago o Kansas City, cordero de Australia, legumbres y fruta de California, beben té de la India o China o café de Brasil. Se sabe que no existe, por así decirlo, una sola industria en estos países que pueda actuar por sí sola sin la ayuda de los productos brutos y de las partes mecánicas que proceden del exterior.

El argumento más considerado, que es discutido en el balance de los países pomposamente recelosos en su nacionalismo, son los balances comerciales. Ahora, los balances comerciales representan la confesión pura y simple de la interdependencia como condición fundamental de la vida económica. Evidentemente, hay algo peor, algo peor que no es una fatal consecuencia de los intercambios entre países: este factor negativo es constituido por las deudas internacionales, que no se trata de una innovación muy reciente. ¿Existe, quizás, una dependencia más ominosa, más antieconómica, y al mismo tiempo más humillante, que aquella que vincula a un deudor a su acreedor, sobre todo cuando el acreedor es el portaestandarte del nacionalismo obstinado e intransigente de un Estado que querría ser separado de los otros estados por una muralla china? ¿y cuando el acreedor pertenezca a otro país cuyo representante es un capitalista?

¡Esto es humillante hasta el absurdo, incluso si se considera desde el punto de vista capitalista! Si el préstamo llega a ser justo y necesario, sería necesario encontrarlo en el propio país: de tal modo, los ciudadanos recibirían al menos los intereses, en lugar de pagar solamente la deuda, mediante las tasas, a ciudadanos extranjeros. Desde el punto de vista nacionalista, todo esto es simplemente humillante, porque de esta forma se convierten en tributarios del extranjero, como los vasallos lo eran en un tiempo frente a los señores.

Sin embargo, esta es la regla en nuestros días, y no solamente en nuestros días: de hecho, tal absurdo se refleja en la «primavera de los pueblos» y también con anterioridad. ¿Cómo asociar la creciente interdependencia entre las naciones sobre el plano económico, con la fobia nacionalista —que aumenta simultánea y paralelamente en intensidad y profundidad— sobre el plano político? ¿No es quizás ésta la contradicción más evidente de la historia moderna y contemporánea?

El nacionalismo es solamente una fachada en beneficio de las asignaciones de la democracia, ¿o bien es obligado por la fuerza de las cosas a esta capitulación frente al capitalismo internacional? ¿Es una necesidad vital o solamente el fruto del espíritu de lucro de aquellos a los cuales se confía, empujándolo hacia esta vía, a lo largo de la cual, en efecto, renuncia a sus principios conservando simplemente las apariencias exteriores? En lugar de abdicar de sí mismos frente al capitalismo, los nacionalismos deberían renunciar al capitalismo antes que retornar al régimen de la propiedad. De hecho, esto último no excluye, en lo más mínimo, la industrialización moderna en los límites de un desarrollo económico racional.

Entonces ellos podrían estipular una paz no basada sobre compromisos inestables o recursos muy sutiles, sino sobre la satisfacción común y la recíproca lealtad. Por este motivo, los Estados nacionalistas deberían, de una vez por todas, marcar en sus principios que ellos son los administradores de un patrimonio nacional cuya razón de ser es la prosperidad y la seguridad de los patrimonios personales de los gobernados. Deberían darse cuenta de que el terreno donde deben desarrollar su actividad es el territorio sólido de los países, con su subsuelo y sus planos superpuestos de la industria: no los fluidos y líquidos, por decirlo de alguna manera, no tangibles ni mesurables pertenecientes al ámbito del capitalismo internacional.

El sistema económico de los países civilizados debería ser cambiado de forma radical. El objetivo de la economía social debería ser el consumo y el bienestar real de los habitantes de estos países, no la acumulación de las riquezas convencionalmente potenciales en cualquier caja fuerte, conectada con las reservas comunes de la Internacional Capitalista.

Existe, entre la mentalidad nacionalista y los métodos capitalistas, un abismo de incompatibilidad y antinomias que los simples compromisos no pueden satisfacer. Es necesaria una valoración más amplia y profunda de la naturaleza de las cosas, y vemos como ante la carencia de iniciativa y coraje cívico, los partidos nacionalistas de la mayor parte de los Estados europeos han tratado de evitar los obstáculos y de replegarse en torno al compromiso. ¿Pero no es quizás desde los compromisos, que se busca desde hace un siglo sortear toda dificultad, asombrándose entonces ante el hecho de que tales dificultades, nunca superadas, vuelvan a presentarse?

El nuevo compromiso viene generado por la imaginación enardecida de los nacionalistas. Ellos quieren permanecer, a cualquier precio, en el ámbito del capitalismo internacional, sin dejar de ser, pese a ello, los más ardientes y convencidos nacionalistas. El resultado ha sido la combinación heterodoxa de dos elementos: El imperialismo, nacionalista y capitalista al mismo tiempo. Porque el capitalismo permanece por su definición, y por su propia naturaleza internacional, y no puede ser reducido o comprendido en el contexto de una limitación o restricción de sus límites en una sola nación, sin superar sus límites territoriales, de modo que no existía otra forma de conciliarlo con el nacionalismo que aquella de ampliar, en consecuencia, los límites de la nación. Para retener al capitalismo internacional dentro de su órbita, sin convertirse en internacional también él, sin dejar de ser un auténtico nacionalismo, el nacionalismo en cuestión debía asumir la función del conquistador. Debía, si no conquistar políticamente mediante las armas, al menos imponer la propia supremacía económica a todas las demás naciones. Sin este movimiento, el capitalismo hubiese continuado su curso, pasando por encima del nacionalismo.

Si el capitalismo moderno hubiese existido en tiempos del Imperio Romano, su ámbito de expansión internacional no hubiese superado los límites del Imperio, porque éste último comprendía el mundo conocido en la época, junto a todo aquello que en el mundo es susceptible de ser transformado en poder de adquisición o en dinero. Este capitalismo, pese a ser internacional —característica que nunca podría abandonar— habría servido al César, que encarnaba el nacionalismo convertido en imperialismo romano — a menos que no se hubiese hecho servir por el César. No habría tenido ningún interés más en la búsqueda de múltiples patrones con la necesidad de servirles, ni muchos servidores travestidos de patrones para que les sirviesen — lo que significa lo mismo.

Tras el igualitarismo democrático, el capitalismo liberal y el nacionalismo democrático, llegamos al cuarto elemento constitutivo de la historia contemporánea, que es una combinación de los dos últimos: el imperialismo moderno. Este imperialismo es distinto a todos sus homónimos conocidos a lo largo de la historia. Además, estos últimos han tenido bases dinásticas o religiosas, o han sido el simple producto de una personalidad ambiciosa. El imperialismo moderno no representa nada de esto: no es ni religioso, ni étnico, y resulta, en una medida muy reducida, político. Ningún genio ha presentido su nacimiento, sino el genio anónimo internacionalista, oculto entre bastidores para pasar inadvertido. Impersonal como todo producto de su época, de la caída de Napoleón, este es un imperialismo sin emperador; o si nos empeñamos en buscar un César nos encontraremos, finalmente, con sionismo, que siguiendo su costumbre, pagaría nuestro honor acusándonos de calumniarle.

El imperialismo moderno es solamente el nacionalismo democrático atraído, casi a la fuerza, por las soluciones del capitalismo, que éste sigue fielmente aún a riesgo de autodestruirse. Y como aquellos «hijos de papá», que podemos ver, en la vida diaria, permanecen influenciados por los capitalistas y se lanzan mediante su guía a través de los negocios, con la esperanza hábilmente alimentada, de conseguir fortuna. Esta esperanza durará hasta el día en el cual el capitalista se haya enriquecido a expensas de sus propios e ingenuos compañeros.

Algo bastante similar se ha comprobado y se comprueba sobre el plano de la historia contemporánea. En nuestra época, la opinión pública, influenciada, como cualquier otra cosa, por los medios de masas, que no se cansan de repetirlo, consideran al capitalismo como un beneficio y un progreso; ésta ni tan siquiera ve la posibilidad de un retorno puro y simple a la propiedad personal. Para ésta el capitalismo es ya el elemento conservador y bienpensante, bajo cuyo cobijo muchos supervivientes a regímenes precedentes, tratan de buscar refugio ante la creciente marea de fuerzas subversivas.

Las personalidades más representativas de los nacionalismos, de acuerdo con la inmensa mayoría de nuestros contemporáneos, han compartido, y comparten todavía, esta falsa opinión. Creyendo de buena fe que el capitalismo sea inevitable y fatal en nuestros días, no les ha dejado nada mejor que hacer, que tratar de convertir al capitalismo en un instrumento e intendente del nacionalismo, cuando la realidad demuestra justo lo contrario. En su presunción, los nacionalistas esperaban llegar a extender su hegemonía sobre mares y continentes, sin hacer guerras, confiando al capitalismo la función de sacarle las castañas del fuego. Entonces se apoyaron todos en el capitalismo que vestían, por circunstancias, con las telas de sus banderas.

En una primera fase el juego ha funcionado estupendamente, dado que los nuevos socios han puesto sus ojos sobre cuestiones exóticas. De este modo, las grandes potencias europeas han llegado a crear imperios coloniales vastísimos y ricos en recursos. Tanto el capitalismo como los nacionalismos particulares hallaron el propio interés: El capitalismo porque continuaba siendo internacional — y esto le permitía dar valor a nuevas riquezas y acumular ulteriores capitales. En el caso de los nacionalismos particulares, ante todo porque su orgullo era objeto de adulación, y creía así acercarse a la realización del sueño ideal de poder ser autosuficiente, en el ámbito de sus propias posesiones, sin tener necesidad de recurrir a sus vecinos.

Únicamente el imperio británico había llegado a alcanzar este ideal. Sin embargo, nunca había podido realizarlo del todo y separarse efectivamente del resto del mundo mediante una barrera de aduanas y tarifas — aunque suprimiéndolas en el interior, entre los distintos territorios que las componían. Y sin tomar en consideración las aspiraciones más profundas de sus hombres de Estado conservadores (los cuales, como todos los conservadores, son ardientes nacionalistas) desde el momento que los elementos democráticos, los llamados liberales, empujados por el capitalismo políticamente liberal, se oponían a estas medidas tanto en la metrópoli como en las colonias.

Hemos elegido este ejemplo, para mostrar cómo el capitalismo permanece siempre íntimamente extraño al nacionalismo, a pesar de su concurrencia en la amalgama imperialista, que, aparentemente, se había convertido en el común denominador. Toda la lucha del proteccionismo contra el libre cambio puede ser reasumida en el conflicto nacionalismo-capitalismo, y el libre cambio debería ser llamado el frente nacional del capitalismo internacional. Su subconsciencia, sino ya su consciencia, es ya internacional. Solo mediante el imperialismo patriótico, el cual se refleja en dos términos de distintos grados, hacen que el conflicto sea menos áspero y venenoso.

Producto del liberalismo económico, el capitalismo solamente se reconciliará con el nacionalismo que sepa imponer en el mundo la propia supremacía económica. Esto ocurrirá solamente en relación a aquel nacionalismo que suprima toda barrera, aduanera o monetaria, entre los Estados, materializando así la Internacional económica en su beneficio. Entonces su capitalismo y el capitalismo internacional serán un todo único. Por tanto, no tendremos una nacionalización del capitalismo, sino una internacionalización económica del nacionalismo en cuestión.

En la historia contemporánea, así como en los dos decenios que la preceden, veremos a los nacionalismos de las grandes potencias orientarse decididamente en el sentido del nacionalismo y degenerar rápidamente en un imperialismo económico. Ellos se encontrarán así sobre un plano inclinado y se verán arrastrados, por una concatenación de causas y efectos, hacia un imperialismo político. De este modo, finalmente, el capitalismo internacional habrá conducido a las naciones a la guerra más gigantesca jamás vista. Son los nacionalismos, como hemos tratado de explicar en estas líneas, los que hacen el juego al capitalismo, también cuando degeneran en el imperialismo. Y no podría suceder de otra manera, porque el nacionalismo, nacido del principio de la propiedad, no solo no es favorable a la diferenciación política, sino también a la diferenciación económica, que es la consecuencia lógica.

La hegemonía de una nación sobre las demás, como la había realizado el Imperio Romano y como la sueña todo imperialismo nacionalista, o la federación igualitaria de las naciones, como la sueña el pacifismo socialista, no son, desde el punto de vista de la utilización que quiere hacer de éstas el capitalismo, dos aspectos tan diferentes como nos puedan parecer. Son dos vías que, atravesando distintos caminos, conducen a la misma victoria. Ahora veremos el motivo por el cual, con gran sorpresa de quienes no saben ver la clave en cuestión, el capitalismo volverá ahora a una contra la otra en función de las variables existentes. De ningún modo obstaculizará los antagonismos sociales: todo lo contrario, los fomentará, en enfrentamientos como aquellos en los que el fuego hace hervir el agua rebosante, en la medida que el agua es enemiga del fuego. Estos antagonismos, una vez completada la integración económica, no presentan para el capitalismo ningún inconveniente. Estos ofrecen todo tipo de ventajas, les permiten sacar provecho de las desórdenes y, en determinadas circunstancias, lo colocan en condiciones de tener controlados a aquellos nacionalismos que se muestren recalcitrantes.

Aquí está el motivo por el cual los imperialismos, que en realidad no son otra cosa que megalomanías nacionalistas valoradas ingeniosamente por la rapacidad capitalista, se muestran intransigentes solamente en materia económica. En materia política, racial y religiosa, son generalmente liberales y conciliadores. Más allá de las necesidades físicas y materiales de la expansión colonial provocada por el crecimiento de sus poblaciones, raramente tratan de desnacionalizar a los pueblos que han sometido. Se limitan a considerarlos como vacas de leche de los respectivos capitalismos y, a través de ellos, del capitalismo internacional. Éste último cuenta solo con la participación y protección del capitalismo, en el cual acaba de converger todo finalmente.

A los nacionalismos que han exigido todo el trabajo, se dejan las satisfacciones de la vanidad y el orgullo, con el cual ellos, poco exigentes, se contentan sin pedir nada más. En una palabra, el ideal del capitalismo es la ingeniosa combinación de un tablero político compuesto por naciones intransigentes y recelosas de su soberanía, de un tablero social formado por clases irreductibles que tratan de destruirse entre ellas. Y como fondo del cuadro, una internacional económica uniforme y cuidadosamente liberada de todos los obstáculos que puedan interferir sobre la actividad capitalista.

En las relaciones internas de cada nación, la combinación del capitalismo con el nacionalismo produce igualmente un híbrido comprometido entre ambos: el capitalismo de Estado, que es un estadio intermedio entre un Estado nacional y un socialismo de Estado, y al mismo tiempo una preparación de los ánimos para éste último. Llegado, probablemente sin darse cuenta, a este estadio de evolución subversiva, el Estado pierde, gradualmente, conciencia de la propia realidad, y de lo único que constituye su razón de ser: el bienestar y la satisfacción, no solo de los componentes singulares de la nación, y del territorio que a ésta corresponde, sino también del mayor número posible de ellos. En esto representa un ulterior progreso, en el sentido indicado, respecto al Estado exclusivamente democrático — que a su vez ya representa un progreso respecto a la distribución lógica de las cosas en relación con los hombres.

En virtud de este imparable progreso, siempre en marcha, el Estado capitalista crea una razón económica y social completamente distinta. No se tiene en cuenta a sí mismo, y continúa exigiendo, de parte de cada individuo, una lealtad y una suerte de amor siempre más interesado y cada vez menos recíproco. Requiere el desinterés y la lealtad de los nacionalistas en nombre del nacionalismo, dispuestos a marcarlos como traidores y renegados si estas exigencias no son compensadas. Pero se desinteresa en nombre del capitalismo — un simple asunto de recíprocas concesiones entre los dos principios. Se desinteresa también porque ha aprendido a considerarse como una especie de sociedad comercial o bancaria, y porque, imperceptiblemente, ha asimilado los métodos de las instituciones capitalistas.

Como si se tratase de sociedades anónimas, el Estado dirige grandes empresas industriales, agrícolas, forestales, mineras, comerciales o de transporte. Utilizando el poder que le es conferido por la estructura democrática, éste transforma a voluntad aquellas que le parecen ventajosas en su monopolio. Esto lo pone, desde el punto de vista capitalista, en una situación privilegiada respecto a sus competidores internos, los cuales —y aquí comienza la paradoja— son sus propios accionistas, cuyas contribuciones obligatorias constituyen la base de las operaciones. En cuanto a los eventuales competidores exteriores, éste defiende los propios intereses privados utilizando sus aduanas y tasas, de las cuales dispone para su disfrute, sin preocuparse si está en función de aquel interés general que debe representar. Similares paradojas e inadmisibles privilegios no les impiden observar estrechamente el absurdo catecismo capitalista, que consiste, como

sabemos, en considerar el crédito como la base del éxito económico: he aquí el motivo por el cual los préstamos al exterior tienen,
generalmente, preferencia.

A menudo escuchamos decir que el capitalismo es un Estado
dentro del Estado. Al afirmar esto esto, nos acercamos a la verdad,
sin embargo no debemos aceptarlo en su integridad: Sería necesario
decir que el Estado capitalista, el ordinario Estado moderno, es un
Estado en aquello que debería ser el Estado. Lejos que personificar
el equilibrio de los intereses y las ideas del organismo nacional, es
sólo el resultado del desencuentro de las incompetencias, de la ignorancia, impulsividad, de lo sugestionable, de las concupiscencias
e incoherencias de individuos desorientados, manejados por un clan
de corruptos: los políticos llamados de profesión y sin otra profesión,
elegidos por los democráticos sufragios de ayer, hoy y mañana, dipu-
tados, senadores y ministros. A este clan se une otro clan solidario,
aquel de los funcionarios, cuyo número aumenta sistemáticamente
en proporción a la intensidad del democratismo. Son estos dos clanes
los que constituyen el Estado moderno, el cual es contemporáneamente democrático por su origen, burocrático por su composición,
nacionalista por los principios que invoca con el objetivo de nublar
nuestra visión, y capitalista respecto a los objetivos que persigue —
generalmente en detrimento de aquellos que proporcionan la materia
para las declaraciones, declamaciones o discursos.

Tenemos el gran error de olvidar a menudo que el Estado, aunque exprese una idea vaga e indefinida, teniendo un carácter más
o menos elevado y sagrado, es solo una asociación de hombres de
carne y hueso, fraternalmente reunidos en torno al pesebre, tras las
selecciones artificiales, de las cuales desconocemos su mecanismo.
Con el pretexto de personificar una nación, haciendo uso de su for-
taleza a través de un ideal nacionalista y un método democrático,
ellos manejan, fieles a los preceptos capitalistas, las riquezas de un
país y la prosperidad de sus habitantes, y todo ello sin que nadie
pueda hacerles ningún reproche. Esta asociación entre amigos, en
apariencia impersonales y anónimos, travestida de Estado nacional,
disfruta de los poderes discrecionales que el régimen democrático

confiere al órgano que lo representa frente a millones de personas consideradas libres, de su propio ser y pertenencias. He aquí porque esta empresa capitalista es infinitamente más peligrosa para el bienestar de los individuos de cuanto puedan serlo otros trusts y carteles. Ella no se limita, como hacen estos, a ofrecer a la codicia humana los cebos dorados, sino que se encuentra en una posición en la que puede invocar al patriotismo, en el sentido del honor y la lealtad de estos mismos individuos, mediante apelaciones que, sostenidas por la propaganda, son generalmente aceptadas.

El capitalismo de Estado revela la mentalidad y los métodos de cualquier otro capitalismo. Y como los otros, confiado en su ubicuidad internacional, pero teniendo a su alcance todos los *atouts* imbatibles, de los cuales ningún otro capitalismo posee nada equivalente. A estos *atouts*, así de improbables, le debe el hecho engañosamente diabólico de confundirse con el democratismo igualitario y el nacionalismo moderno. El haber inventado una combinación similar, es quizás la obra maestra del liberalismo decimonónico, ávido de mantener controlados a los hombres y a los pueblos, sin que éstos se turben ante su mirada.

Es necesario convencerse de que el capitalismo de Estado es, frente al capitalismo puro y simple, un remedio peor que el mismo mal. El capitalismo privado, más bien poco personal, florece en el «amable» ambiente del capitalismo de Estado, del cual es auxiliar. Ambos confluyen, salvo por las formas exteriores, más o menos variables, en la ubicuidad internacional de las llamadas «grandes empresas». También aquí como en otras partes, la única golpeada es la propiedad personal y local. Es la bestia negra de todas las despersonalizaciones modernas, que abarcan el orden político, económico y social. Ella es la «infamia que es aplastada», según todos los economistas modernos. Suprimir al hombre independiente, que es autosuficiente, y no tiene que rendir cuentas a nadie, dado que permanece sólidamente enraizado en una tierra de su exclusiva propiedad: he aquí una marca familiar, de la cual se reconoce fácilmente la misma mano oculta en las tinieblas.

Hemos dicho anteriormente que la propiedad personal y local

de un grupo humano llamado nación no puede componerse de una suma de ubicuidades capitalistas, más de lo que un bloque de acero pueda componerse de partículas de cobre. La misma lógica nos obliga a deducir que la propiedad capitalista, en la cual se ha resuelto el Estado moderno, no puede permanecer, a largo término, como una suma de propiedades personales y locales. Pero el proceso de transformación, por el hecho de resultar relativamente lento, no atrae la atención de la aplastante mayoría del género humano, el cual solamente sabe vislumbrar aquello que entiende de hoy para mañana, sin comprender la concatenación histórica de las causas y los efectos. Por cuanto sabe reflejar y ver, el capitalismo de Estado es ya el estatalismo socialista, en una palabra las instituciones y las costumbres de una época, sin que la humanidad, apenada y abrumada por la propia incoherencia, se haya dado cuenta todavía.

El Estado socialista o comunista es, al menos en teoría, una sociedad de accionistas con iguales cuotas e intereses; de manera que es justo y lógico, admitida esta definición, que esto sea una sociedad con igualdad de voto. El Estado capitalista democrático es una sociedad de accionistas con iguales cuotas y desiguales intereses. La mayor parte de las cuotas no existe en realidad; la mayor parte de los intereses existe solo en la imaginación. Entonces ellos son no solo desiguales, o mínimos, sino nulos. Sin embargo los votos son todos iguales. De modo que el sistema no es solo ilógico y absurdo, pero también contrario a aquel principio de equidad y aquella pretendida justicia, a la cual los demócratas no dejan de encomendarse. Es tan absurdo que parece inadmisible como los hombres de buena voluntad, con un mínimo de cerebro, hayan podido encontrar, una solución similar por ellos mismos y de buena fe. Son los elementos subversivos, interesados en ello, que han sugerido esta forma transitoria y monstruosa, en el choque democrático de las incoherencias populares. Su objetivo ha sido la creación de un régimen de transición para pasar de la propiedad al socialismo, que el capitalismo de Estado encierra ya en potencia, sin empujar la inercia refractaria sobre los bruscos cambios del ánimo humano[13].

---

[13] «Los dos sistemas, el comunismo y el capitalismo, parecen representan una

El democratismo igualitario, el nacionalismo democrático, el capitalismo liberal e internacional, el imperialismo nacionalista y el capitalismo de Estado, o estatalismo capitalista, son los elementos cuya maraña inextricable y cuyas acciones y reacciones recíprocas constituyen la materia de la historia contemporánea.

---

antítesis en la forma, pero se asemejan tanto como dos hermanos —menos enemigos, en efecto, de lo que lo son en apariencia— en los elementos de fondo de las cuestiones que ambos proponen. De hecho, ellos son los hijos de un mismo padre; en función de las circunstancias comunista o capitalista, autoritario o revolucionario, plutócrata o proletario; comunista dentro del capitalismo o capitalista dentro del comunismo; plutócrata proletario, en cuanto que no posee nada tangible — nada, a excepción del fluido que se condensa en el momento oportuno...» (Emmanuel Małyński op.cit, pp.76-77).

Capítulo VI

Los militarismos

Otro elemento de la historia contemporánea que no podemos pasar por alto en este cuadro general, aunque se trate más de un instrumento o de un medio que de un objetivo, es el militarismo moderno.

Reclamo la atención del lector sobre el adjetivo «moderno», porque existe, entre este militarismo y aquellos que lo han precedido en los anales de la humanidad, la misma diferencia que habíamos constatado entre el nacionalismo moderno y los patriotismos de tiempos pasados. El democratismo igualitario ha desnaturalizado igualmente la esencia tradicional, confeccionando bajo un nombre antiguo y conocido un producto nuevo e inédito en la historia.

En el Medievo conocimos el militarismo feudal, que constituía una unidad con el mismo feudalismo. Era la categoría social denominada como nobleza u orden ecuestre, en armas, quien forjó este tejido. Éste, en otros términos, se identificaba con el régimen dinástico armado, porque —no lo olvidemos— no han sido los soberanos propiamente dichos los únicos que han conformado dinastías. Los grandes vasallos, como los vasallos de los grandes vasallos, hasta el más pobre de los caballeros y su escudero, candidato él mismo a la caballería, pertenecían a las cabezas de dinastías, señores que reinaban sobre hombres, y territorios sometidos a la autoridad de padre a hijo, iguales, parientes, o familiares de éstos últimos. Ellos podían, si se daba el caso, casar a sus hijos, o sentarse en la misma mesa como miembros de una gran familia, o incluso llegar a ser señores ellos mismos[14].

El monarca medieval y el simple caballero, dueño solo del caballo, de la armadura y el blasón, tenía una idéntica mentalidad y un mismo código de honor. El mismo interés social implicaba a todos los rangos de la jerarquía feudal que constituía el orden ecuestre, es decir, al ejército de la época. Si un señor, con el apoyo de sus caballeros, se rebelaba contra el rey, esto sucedía para sostener a otro pretendiente, no con la intención de atacar el principio monárquico, porque era en virtud de éste mismo principio que aquel señor, sobre sus tierras y castillo, era casi un pequeño rey. El orden ecuestre era un privilegiado, porque éste sólo pagaba un tributo de sangre (no se trataba, entonces, de un privilegio gratuito) y tutelaba el orden general. Gracias a ello, en un siglo de guerras medievales intervinieron menos luchas, desgracias y ruinas de las que han tenido lugar durante un solo año de la guerra democrática en la cual hayamos tomado parte — queriendo o sin querer, directa o indirectamente, con nuestras personas, con nuestras familias y nuestros bienes. Nos limitaremos a decir que el militarismo feudal se encontraba en perfecta armonía con las instituciones de la propia época, ya que en estos tiempos, a pesar de los defectos y los abusos inherentes a sus cualidades, era una época en la cual todo se mantenía unido, formando un bloque homogéneo y equilibrado.

Hacia el crepúsculo del Medievo, y todavía en plena civilización medieval, en las repúblicas italianas y hanseáticas dedicadas al comercio, los más ricos burgueses se mostraban poco inclinados al «noble oficio de las armas», nosotros encontramos otro tipo de militarismo: el militarismo mercenario. Eran soldados sin patria y aventureros de profesión que hacían, por así decirlo, el comercio de

---

[14] «Los monarcas medievales, cuya investidura eclesiástica confería un poder casi sacramental, y cuyo juramento sobre Cristo era prestado por todos sus súbditos —que todavía no se había concebido la posibilidad de elevar al rango de ciudadanos— atribuía el derecho a la fidelidad y la obediencia, eran los padres de sus pueblos, responsables ante el Rey de reyes, del cual eran humildes vasallos.» (Emmanuel Małyński, *Le Réveil du Maudit*, v.I, París, 1926, p. 15).

la guerra y la paz armada. Ellos se ofrecían junto con sus partidas a quién pagaba mejor, y siempre estaban dispuestos a atacar, sin preocuparse en exceso de los sentimientos y de las ideas de quien no pagaba. El capitalismo comenzaba entonces a convertirse en el centro y motor de la guerra e imponía, en consecuencia, su propia impronta tanto a los sistemas dinásticos en declive como a los nacientes nacionalismos modernos. En especial después de la Guerra de los Treinta Años, cuando el militarismo mercenario irrumpió entonces con fuerza, lo que significó el final del carácter «romántico» y caballeresco de las guerras medievales. El guerrero, forjado sobre el caballero sin máscara ni miedo, ha dejado su lugar al soldado, al que recibe el sueldo - lo que significa, etimológicamente, mercenario[15].

Los ejércitos de oficio que señalan la tercera etapa de la evolución militarista, no han modificado el problema de su fundamento moral y psicológico. En efecto, también ellos eran ejércitos mercenarios, aunque bajo una forma superficialmente atenuada, al modo de la apariencia que asumen los ejércitos feudales democratizados. Esta apariencia consistía en el hecho de que se trataba de mercenarios que tenían el mismo origen nacional, en lugar de la acogida de elementos turbulentos y de aventureros de distintos países que vendían su propia sangre con la esperanza del lucro y la rapiña.

---

[15] «Es gracias a estos militarismos, cuya ambición obsesiva y delirante han destruido aquel feudalismo en el que ellos pretendían inspirarse, que el oro ha vencido al hierro, habiéndose convertido el hierro en mercancía de compra: ¡El oro ha conseguido encadenar a la espada y reducir el mundo a la esclavitud! Numerosos modernos profesionales de la democracia hacen expresión del odio en relación al militarismo, y particularmente hacia el prusianismo — así como otros se dedican, con el fin de engañar a los ingenuos, a despotricar contra el capitalismo. Éstos llegan al punto de confundir con el Feudalismo justo aquello a lo que el militarismo ha dado el golpe de gracia, arrastrando a la canalla arrogante y plebeya a la espada de los paladines, y democratizando, de tal modo, el noble oficio de las armas. Ellos olvidan que, sin el militarismo — su democracia se habría limitado a parlotear, y jamás habría tenido forma de festejar sus triunfos, si Federico II de Prusia y sus descendientes no hubiesen introducido a la plebe en los rangos del ejército y los arsenales. También olvidan que fue la *Guerra de los Treinta Años*, nacida de la Reforma decadente, y signo inequívoco del declinar del Medievo, la que constituye la cuna del militarismo» (Emmanuel Małyński, *Le Réveil du Maudit*, op. cit., p. 106)

Pero, desgraciadamente, se trataba siempre de mercenarios, y si se les pagaba menos era necesario alimentarlos, darles alojamiento y vestirlos: eran pagados de otra forma, pero en definitiva en dinero en metálico como otros mercenarios. Sin embargo, ellos no poseían aquel entusiasmo grosero alimentado por la codicia y el gusto por la aventura que animaba a otros. Reclutados a la fuerza y empujados hacia delante a golpe de garrote, tenían todo que perder o nada, o casi nada que ganar en esta «corvée», cuyo principio era extraño a su mentalidad.

Se trataba de atenuar estas quejas en los límites de lo posible y por tal motivo el servicio militar era prolongado durante muchos años, con la intención de generar artificialmente un espíritu corporativo y desarrollar la costumbre de la obediencia pasiva y absoluta, para crear, de la manera que fuese posible, una segunda naturaleza en estos hombres desarraigados y arrancados de sus ambientes naturales. Por otro lado, eran conservados, por exigencias del estado mayor y la instrucción militar, los viejos rangos feudales, de los educadores y líderes cuyo interés y mentalidad estaban en armonía con las instituciones aristocráticas y la forma dinástica de gobierno.

De tal modo, como en todas las cosas, en estas épocas de transición entre aquello que no es más y aquello que no es todavía, se llegaba a una solución de compromiso: un cuerpo de oficiales casi iguales y aquellos medievales, guerreros más que soldados, animados por el espíritu medieval del honor caballeresco, de la solidaridad del «clan» y en posesión de los privilegios que de éste se derivaban. Esta nueva función se asemejaba más a aquella de domador que a la del combatiente o el comandante, en la estrecha acepción del término. Ahora bien, el domador se arriesga constantemente a ser devorado por aquellos que cuando lo obedecen lo hacen solo hasta que no se dan cuenta de su fuerza respecto a su debilidad — mucho más que ellos se han preocupado de aprender de ellos a manejar los mismos instrumentos mortales con la misma destreza. El domador, en el caso que nos ocupa, no era solamente la jerarquía militar que había permanecido más o menos feudal, sino, indirectamente, la totalidad del sistema dinástico, político, económico y social.

Todo esto permanece como pendiendo de un hilo durante cerca de dos siglos, y este hilo era la falta de conciencia que tenían los soldados respecto a su fuerza bruta e intereses personales — totalmente diferentes de aquellos de la casta a la cual obedecían sin profundizar en los motivos de su obediencia. Realmente esto significaba jugar con fuego, y si este juego había permanecido durante tanto tiempo sin causar catástrofes, esto prueba ulteriormente la extrema desigualdad de la especie humana: por una parte del pueblo, fuerza que, de hecho, no es consciente de sí misma, y por otro lado la clase dirigente, compuesta de aquellos cuya profesión es aquella de hacerse obedecer.

Si el militarismo mercenario ha alcanzado su propia culminación con la *Guerra de los Treinta Años*, el máximo desarrollo del militarismo de oficio tuvo lugar durante la *Guerra de los Siete Años*. Los granaderos de Federico el Grande representaron el ejemplo más típìco. Ellos formaron un ejército de gallardos plebeyos que sabían y sentían solo cuanto les estaba permitido saber y sentir, tras años de sistemático adiestramiento físico y mental, y que eran dirigidos a golpe de batuta por un puñado de aristócratas solidarios por interés, aspiración o nacimiento, con el régimen y las instituciones de poder. A día de hoy, solamente en Inglaterra sobrevive el ejército democrático de oficio, y sólo en tiempos de paz. En otras partes del mundo éste, tras el final del siglo XIX, simplemente ha permanecido en el recuerdo.

Su muerte ha estado dictada por la revolución francesa, y ha sido justo la Francia revolucionaria, instigada por Napoleón, la que ha inventado una nueva forma de militarismo: aquel fundado sobre las levas obligatorias. Los demás países se han visto obligados a seguirlas, al principio y, posteriormente, a salir al paso para vencerlas. Iniciada así, la carrera de los armamentos solo se detendrá cuando haya llegado al límite máximo, a la leva obligatoria, a la nación en armas. Y en esta ocasión el peligro será verdaderamente grave.

Si la democracia con su sufragio universal e igualitario es un mal, la leva obligatoria y general, es el insuperable corolario del sufragio univcrsal y «la última ratio» dc la democracia   en otros términos, la democracia armada de los pies a la cabeza—, es el mal de todos los males.

Si el militarismo mercenario antes, y el militarismo de oficio entonces, han cometido graves errores, la leva obligatoria —al principio restringida y después general— no ha hecho más que acelerar el movimiento (impreso ya con anterioridad sobre un plano peligrosamente inclinado) elevando al cuadrado la velocidad y representando entonces un error gravísimo. Este segundo error está determinado por el primero, sobre el cual ha precipitado solamente las consecuencias. El origen fue la ruptura del equilibrio feudal, en el cual todo estaba articulado armónicamente: desde entonces las incoherencias han continuado generándose, en función de un ritmo racional de proliferación, dando lugar a incoherencias todavía más graves.

Por mucho que le pueda costar a un monárquico admitirlo, han sido los monárquicos y el «entourage» aristocrático los que, desde su miope megalomanía, han dado comienzo a un movimiento y lo han continuado. Ellos lo han conducido, los unos por los otros, hacia un círculo vicioso de fatales consecuencias en la carrera armamentística: hasta el día en el cual fueron sobrepasados y puestos de parte —cuando no sobre la horca— de los pueblos a los que habían quitado el último freno.

¿Qué habíamos dicho de los padres que habían regalado, como si se tratasen de juguetes, ametralladoras a sus hijos? Lo mismo que habríamos pensado de los directores de manicomio que hubiesen armado con cañones a sus pacientes —no contentos con haber eliminado la camisa de fuerza— con el pretexto de hacer la guerra con otra casa de enfermos mentales, cuyos directores diesen prueba de la misma increíble agudeza. El resultado inevitable de este suicidio social ha sido que los ensayos, aunque se demostrasen poco efectivos, han tenido que ponerse la camisa de fuerza, mientras que los locos —por lo menos aquellos que las Sagradas Escrituras llaman con este nombre— los impulsivos, sugestionables, ignorantes e incoherentes se han puesto a hacer de doctores de la sociedad, transformando en morbos mortales sus enfermedades, con el pretexto de curarlas.

Con las papeletas electorales, como con los proyectiles de los cañones, se habría podido, en rigor, permitir a los niños jugar a ser «grandes». Pero cuando en lugar de los proyectiles les han sido regaladas, como obsequio, como balas de cañon, el juego ha dejado de ser inocente. Entonces se ha convertido en algo tremendamente peligroso, porque el mundo civil se ha encontrado abandonado, atado de pies y manos, en el choque de los instintos y los reflejos — refractarios a la reflexión, pero no ante la persuasión, a la perversión y la tentación. Se ha encontrado en medio de la confusión de las ignorancias, de las incompetencias, de las incoherencias y las concupiscencias sin posibilidad de freno y control por parte de la razón, que ha demostrado no haber sido otra cosa que irracional. En efecto, ésta se ha desarmado voluntariamente, poniendo la cabeza del hombre entre las fauces de aquel lobo que creía poder amansar y transformar en un perro fiel.

Si no hubiese sido por los ingratos, los socialistas, los comunistas y los demócratas, se deberían haber levantado estatuas a Luis XIV, a Federico II, a Napoleón y a Guillermo II. Esto se hubiese llegado a hacer, si la «última ratio», si el ejército con sus formidables instrumentos de destrucción y de dominio no hubiese estado en sus manos.

Pero la mayor parte de ellos no es consciente de la concatenación de las causas y los efectos sobre las páginas de la historia, aunque existe alguien que sabe y ve donde ésta lleva. Es el caso del capitalismo internacional nacido de la misma matriz del socialismo internacional, cuyo cerebro sionista, común a ambos, sabe, en el momento oportuno, servirse de las sustancias aparentemente menos compatibles con su espíritu y racionalmente menos susceptibles para contribuir a la realización de sus diseños.

Era necesario, para la seguridad del democratismo —e, indirectamente, para la prosperidad del capitalismo, que lo maneja con destreza— que la materia del ejército fuese idéntica a aquella del sufragio igual y universal del cual éste constituye su última sustancia. Necesitaba que el ejército y aquello que es comúnmente llamado pueblo —el pueblo soberano— fuesen, en realidad, una sola cosa. En otros términos, que aquellos cuya profesión era la obediencia fuesen, sin dejar de obedecer, los superiores de cuantos tienen por función dirigirlos a ellos. Para que esta paradójica contradicción fuese perfecta, era necesario que el campesino y el obrero, obligados a un régimen de cuartel, no tuviesen tiempo de cambiar de piel, que solamente tuviesen tiempo de constatar que habían cambiado de hábito. Era absolutamente necesario que no tuviesen tiempo material de «despojarse del viejo hombre», por usar las palabras de San Pablo. Debían permanecer integralmente campesinos y obreros, en su mentalidad y aspiraciones, en su ánimo y la comprensión de sus respectivos intereses de clase. Era necesario que considerasen el uniforme como una simple suerte de traje bizarro y carnavalesco, bajo el cual continúa latiendo fielmente el corazón del «proletario consciente».

Este resultado se consiguió reduciendo la duración del servicio militar en todos los países donde tenía participación la enfermedad democrática a un mínimo, por debajo de las exigencias técnicas. Si se hubiese tratado solamente de la defensa del país, si ésta hubiese sido la única preocupación de los países democráticos, se habría podido tener un ejército infinitamente mejor e igualmente numeroso. Antes, podría haber sido también más numeroso, haciendo menos general la leva y aumentando en proporción la duración del servicio de cada uno de los reclutados. Se ha preferido hacer exactamente lo contrario, con el fin de tener un ejército peor, y ciertamente no más numeroso, sino, esencialmente, democrático. Un ejército en el cual, el soldado, que ya había dejado de ser guerrero, no fuese ni tan siquiera un verdadero soldado, sino solamente un campesino, un obrero armado. Este soldado debía ser simplemente un elector, inserto en el sistema del sufragio universal, en condiciones de garantizar la observancia de las leyes que él, o su hermano, o más bien la propaganda subversiva a través de él, había hecho votar. Todo esto no se ha protegido todavía a través de un sistema eficaz contra la posibilidad de restauración del orden social. Se podía temer el despertar de aquel buen sentido grosero que poseen los campesinos cuando se habla con ellos razonablemente. Pero el capitalismo estaba alerta.

En efecto, existía el peligro de que los ciudadanos libres e iguales a sus jefes comenzasen, a pesar de la breve duración de su servicio, a sentirse soldados en lugar de «pueblo soberano». La conciencia tan inmaculada como frágil de aquellos «proletarios conscientes» podía llegar a ser imperceptible y provisionalmente marcada. Sugerida por el capitalismo, si la democracia se sentía en el deber de depurar el ejército, lo que, evidentemente, significaría democratizar los cuadros y la educación militar eliminando, con la máxima preocupación, a los educadores y jefes considerados impuros. ¡La cualidad profesional —y todavía menos el respeto— de estos educadores y jefes cuenta bien poco! Antes podrían constituir un elemento negativo, porque entre ellos y aquello que venía a llamarse, en las llamadas «edades oscuras», el honor del noble arte militar, tendría la forma de intervenir molestas asociaciones de ideas. Lo importante era que los ciudadanos, también ellos libres, fuesen liberados, en la medida de lo posible, de aquello que, en un tiempo, se habían llamado prejuicios de casta, y que son llamados hoy —porque en todo existe progreso— los prejuicios burgueses. Por decirlo brevemente: que sean lo menos militares posibles y, ante todo y sobre todo, defensores convencidos del régimen y la mentalidad democrática, sin las cuales ellos no habrían encontrado ni razón de ser, ni educadores ni jefes.

Una vez obtenido este resultado, la institución del militarismo no tiene nada en común, salvo el nombre, con las homónimas que lo han precedido en la historia. Mental y moralmente se encuentra en las antípodas. Si continúa creyendo que su objetivo es, como en un tiempo, aquel de salvaguardar el nacionalismo y defender la seguridad y prosperidad de los pacíficos habitantes de un país. En realidad, su objetivo es, ante todo, aquel de defender la democracia contra la reacción interna y el capitalismo contra la competencia externa.

A través de la democracia, los militarismos modernos son los gendarmes y oficiales judiciales, o los agentes de intimidación, de los capitalismos de Estado y otros tipos de capitalismo — definidos como privados, pero igualmente impersonales y sociales. Sin embar-

go, en esto existe un género de servicio que el militarismo presta
directamente al capitalismo, mientras los otros servicios mencionados anteriormente son más indirectos. Sabemos que el militarismo
de la leva obligatoria y general cuesta sumas inmensas de dinero.
Por sí solo, éste supone un vasto capítulo en el cómputo general de
los balances anuales de los Estados capitalistas. Tales balances, justo por esta razón, nunca son saldados, determinando la formación
de un enorme déficit que se acumula de año en año — lo que ya
es considerado normal por los contribuyentes. No obstante, se trata
de un juego de fuerza para los Estados, encontrar los medios para
obviar este estado de cosas. Pero los Estados modernos, que son tan
democráticos como capitalistas, no pueden perder de vista el hecho
de que el contribuyente es, al mismo tiempo, el elector. No ignoran
que este elector-contribuyente tiene una confianza muy limitada en
el propio Estado. No queda entonces otra alternativa que la de pedir
el préstamo al exterior, del cual ya conocemos los inconvenientes y
sabemos quien saca provecho.

Se ha consentido al autor de estas páginas —el cual, después
de todas las herejías de las que es considerado culpable, no tiene
mucho que perder— de exponer aquello que significa un préstamo
al exterior. El Estado A —no la nación A— contrae un préstamo
con la nación B —no con el Estado B— a través del llamado capitalismo privado, en realidad impersonal y social. Éste es vinculado
al gran anonimato internacional, cuyos tentáculos se desarrollan en
torno a A, B y todos los demás Estados. El Estado B, cuya nación apenas ha concedido el préstamo en cuestión con la mediación
de un agente indispensable, se encuentra en condiciones análogas.
Aunque ésta última tampoco puede cuadrar su balance porque su
potencial bélico no debe ser inferior a aquel del Estado A. Si lo fuese
no existirían gendarmes, oficiales judiciales y agentes de intimidación dispuestos a hacer respetar el crédito de su nación —la nación
B— frente al Estado A. ¿Qué hará entonces el Estado B? También
él es democrático y está obligado a tener en cuenta, antes que nada,
todas las idiosincrasias de sus contribuyentes-electores, de la misma
nación B que apenas ha prestado, sin pestañear, quizás la misma

suma al Estado A, porque, en esta relación internacional, ella sabía que podía contar, dada la necesidad, con sus oficiales judiciales y sus gendarmes, con el militarismo de B. Éste será obligado a descartar, por las mismas razones, toda idea de tasa o préstamo interno, y a buscar dinero en el exterior. Obviamente, teniendo siempre como intermediario al capitalismo, cuyos titulares visibles pueden tener distintos nombres, pero cuya razón social está, ciertamente, conectada con el mismo sistema de vasos comunicantes y de reservas que constituyen, en su complejidad, el Anonimato Internacional.

Aunque en la práctica este caso no se compruebe por lo general, no existe una imposibilidad económica o física para que el Estado B, deseoso de contratar un préstamo para mantener el militarismo B sobre un nivel superior al militarismo A, se dirija a la nación A, así como el Estado A se ha dirigido a la nación B para mantener el militarismo A a un nivel superior respecto al militarismo B. La diferencia entre esta argumentación y la realidad consiste solamente en el hecho de que, en la práctica, la circunferencia pasa, a su vez, por otras letras del alfabeto y no se limita a A y B, sino que también hace un giro hacia la Z, y no por ello el círculo sería menos vicioso, y nuestros argumentos perderían bien poco en lo que se refiere a su intrínseca validez. Entonces continuamos analizando nuestro pequeño círculo vicioso entre A y B, desde el momento en el que la situación no resulta alterada, y esto simplifica y facilita nuestra misión.

Los armamentos corren junto a las deudas y las deudas junto a los armamentos. Los militarismos, que parecen haber alcanzado unas proporciones insólitas solamente porque las naciones se engañan y se amenazan entre ellas, siempre con mayor dureza, pueden mantener estas proporciones sólo gracias a la interdependencia de las naciones. Pese a que pueda parecer paradójico, se diría que las naciones se prestan recíprocamente el dinero que rechazan los propios Estados para tener, de esta forma, miedo los unos respecto a los otros, y para que cada una de ellas sea lo suficiente fuerte como para hacer respetar su crédito en relación a la otra, y la inversa. Es cierto que la nación A recibe los intereses de su capital pagados por el Estado B, y que la nación B recibe los suyos, quizás equivalentes, pagados por el Estado A. Pero el Estado A no los rentabiliza sino que los engulle como una pérdida estéril del total del capital recibido por la nación B a causa del militarismo A, destinado a mantener a distancia, ante cualquier situación que pudiera presentarse, a la nación y al militarismo B. A su vez, el Estado B hace exactamente lo mismo respecto al Estado de la nación y el militarismo A.

Nos negamos a creer que las partes interesadas hayan podido llegar, espontáneamente, a una combinación tan absurda: no se trata de un simple caso de estupidez, como tantos existen, sino de la iniciativa de una especie de genio satánico de la estupidez, al cual se siente actuar en esta combinación a través de sus manos y cerebro. Este genio siniestro no es difícil de diferenciar — su identidad salta a la vista de todos. Es solo un sortilegio suscitado por la sugestión mental de una sagaz propaganda por éste genio subvencionada y dominada, lo que impide a sus desgraciadas víctimas descubrirlo, es el único elemento por el cual esta combinación no resulta absurda.

Sería necesario un volumen entero para analizar, también a grandes rasgos, el paradójico mecanismo de las guerras modernas. Un hombre de Estado del siglo XIX ya tuvo ocasión de decir que para hacer la guerra es necesario, antes que nada, mucho dinero, más dinero, siempre dinero. Es justa esta la paradoja, porque en realidad y según el sentido más elemental, para hacer la guerra necesitamos muchos hombres bien entrenados, muchos instrumentos mortales susceptibles de ser renovados constantemente, y numeroso material indispensable para mantener a los hombres y renovar el instrumental bélico. En efecto, he aquí todo aquello que se necesita. Pero si, para alimentar a estos hombres, para adiestrarlos y renovar estos instrumentos y procurarse las materias a partir del propio suelo, es necesario, bien entendido, mucho dinero, el error no reside en la estructura intrínseca del mundo, ni en la naturaleza de las cosas, ni tan siquiera en la enorme amplitud de las guerras modernas. Esto se debe únicamente al sistema capitalista que a la humanidad le ha sido impuesto, creyendo de buena fe, o más bien mediante su propaganda interesada, que este sistema sea, para nuestra época, fatal, y que ningún otro sea realizable.

Para evitar complicaciones y rémoras, y para hacer nuestra exposición simple y accesible a todos, nos serviremos de una imagen. Llamaremos «pan» genéricamente no solamente a aquello que está destinado a la alimentación, sino a todo aquello que, en general, resulta indispensable para mantener la vida normal de los hombres, combatientes u obreros, en el curso de una guerra moderna. El término genérico de «bombas» lo reservaremos a todo aquello que es indispensable para alimentar a combatientes y batallas. Entonces podremos decir que para combatir una guerra moderna son necesarios tres elementos: los hombres, el pan y las bombas.

Si tomamos el ejemplo de un país bastante poblado, y ricamente provisto de un suelo y un subsuelo de todas las materias que sirven para la producción de este pan y estas bombas, entonces podremos afirmar que éste posee justo todo aquello que es, en realidad, y en efecto, necesario para emprender una guerra moderna con probabilidades de éxito.

El «mucho dinero, más dinero y siempre dinero» es una fórmula válida, no tanto para la victoria de la nación como para que el capitalismo internacional (que se alimenta de las naciones beligerantes, haciendo uso si es necesario, de aquellas neutrales, siempre para el beneficio propio) resulte al final, y en la práctica, el único y verdadero vencedor. He aquí por qué los fabricantes de la opinión pública, subvencionados por este mismo capitalismo, han impuesto a las masas amorfas y maleables el axioma de la incoherencia igualitaria, estableciendo un postulado que nadie se atreve tan siquiera a discutir por miedo a parecer retrógrado o un analfabeto. Dar a quien produce pan el dinero, el oro y el papel impreso, para que lo gaste inmediatamente adquiriendo pan — ¡He aquí aquello que nos parece que no necesita de comentarios! Dar a quien fabrica, transporta y lanza bombas, dinero en lugar de pan, cuando aquel haya necesitado de aquel dinero especialmente para comprar el pan, si puede tener pan en abundancia sin los buenos oficios, tremendamente humillantes, del capitalismo internacional — esto puede parecer a primera vista poco menos que caricaturesco. Pero vale la pena exponer por

un minuto que esto es igual, clara e integralmente absurdo:: ¡el oro
y la plata no entran en la composición química del pan y de la
bomba! Las piezas de papel cubiertas de diseños y jeroglíficos quizás tengan una virtud magnético—mágica capaz de transformar la
materia, ¿y por esa razón la industria no puede evitarlo? Esta es
la primera pregunta que un ser inteligente y racional procedente de
un planeta más evolucionado debería hacerse, si le fuesen expuestas
estas extrañas teorías sobre la guerra y la paz.

El director de teatro que se considerase arruinado, pese a las bri-
llantísimas condiciones de su empresa, porque el material específico
—madera, cuerno o papel— con el cual confeccionan el material de
los billetes de las entradas o los carteles del ropero faltasen, sería
considerado un loco. Sin embargo, el director de la espectacular tragedia, que es considerado racional en nombre de la guerra cuando
identifica la realidad de su empresa con las «pérdidas» de la misma.
Él va todavía más allá, porque parece valorar las pérdidas —por lo
demás algo indispensable y necesario— como si fuesen el verdadero
objetivo de la empresa.

Cada vez que el oro, la plata y otros sucedáneos de papel entran
en juego en el mecanismo económico de un conflicto armado, hay
una pérdida en el consumo y la producción, las únicas cosas que
cuentan en tiempos de paz y, con mayor razón, en tiempos de guerra,
aunque tales pérdidas representan un peligro mortal. Por el mismo
motivo supone una pérdida para el Estado, para cada uno de los
individuos singulares que toman parte, directa o indirectamente,
en el conflicto y, mediante sucesivas repercusiones, para toda la
nación. Paralelamente se produce un beneficio proporcional a estas
pérdidas —a las pérdidas de consumidores y suministradores de
géneros de utilidad real— en beneficio de aquellos que proporcionan
esta inutilidad, ya se llame oro, plata o papel.

En conformidad con tal sistema no se puede alimentar al hombre, ni lanzar una bomba, sin recurrir al oro, a la plata o al papel.
Es entonces evidente que, cuando se trata de aprovisionar a millones de hombres y lanzar millones de proyectiles, estas pérdidas se
convierten en enormes abismos en los que permanecen empleados la

totalidad de los recursos de las naciones. Pero emplear no es sinónimo de aniquilar: estos abismos tienen fondo, nada parecido existe en la naturaleza. La riqueza de las naciones, real y tangible, se limita a cambiar de patrón, sin cambiar de sustancia ni de lugar: ésta pasa bajo la forma fluida del endeudamiento en las reservas del capitalismo internacional y no sale más. No obstante, su realidad continúa siendo la misma y está allí, donde siempre ha estado, porque las únicas que se mueven son las ficciones y las convenciones.

Entonces vemos el interés que el militarismo moderno, fundado sobre el sistema de la leva obligatoria general y las naciones en armas, presenta para el capitalismo internacional antes o durante la guerra. Y ciertamente, este interés no disminuye en los sucesos posteriores a una gran guerra — por no decir que ya que la posguerra es, en general, una preparación para una nueva guerra.

La guerra moderna es terrible en sí misma, a causa de las espantosas catástrofes humanas que inevitablemente la acompañan. Ésta, por sí misma, ya constituiría una pérdida económica considerable, pero limitada a las cosas tangibles y reales, destruidas o dañadas: no al desastre económico de naciones enteras, ya se trate de aquellas victoriosas o de las vencidas, o incluso de otras que no hayan participado en el conflicto. El número de bocas que alimentar en tiempo de guerra es el mismo que en tiempos de paz; el suelo y el subsuelo, a menos que sea invadido, continúa suministrando los mismos productos químicos que el trabajo humano combina, transforma o distribuye en varios modos. Si a continuación este trabajo es alimentado con el oro adquirido a un precio caro en lugar de con el pan por él mismo producido, el error no reside ni en el trabajo ni en la tierra, que siempre ha sido la misma, sino solamente en la función parasitaria del capitalismo moderno, que se ha impuesto a la opinión pública como una necesidad imprescindible de nuestra época.

La auténtica razón del desastre económico de la guerra moderna no se ha dado, como se piensa, en la amplitud de este tipo de guerra, ni de las enormes y numerosas necesidades de su consumo, sino del hecho de que las «pérdidas» y los «abismos» mencionados, en lugar de constituir incidentes fastidiosos, en realidad determina objetivos y fines secretos. En otros términos, las guerras modernas son nacionalistas solamente en su fraseología. En lugar de ser guerras de dominación, animadas por exigencias de dominación y con el objetivo de dominar, o de representar los conflictos entre entre frentes de distinto dominio, ellas son las guerras del capitalismo — sinónimo de aquella ubicuidad que permanece más allá y por encima de todas las naciones.

Se dice que para construir un cañón se debe hacer un agujero y colarlo con el acero. Así es la razón de ser de las guerras modernas, es un agujero barnizado por el acero del nacionalismo: un acero que es empleado porque, sin algo sólido no existiría ni tan siquiera agujero. Ahora bien, estos agujeros son necesarios para acelerar la transferencia de las riquezas de todo el mundo a las manos del pueblo sobre el que se ha escrito, hace ya veinte siglos: «Todas las naciones se verán caer espontáneamente bajo el tributo de Sión».

Capítulo VII

Los pretendidos odios históricos - Posibilidad de pacificación universal

Esforcémonos por olvidar por un momento los sofismas con los cuales hemos sido saturados desde la infancia, y lancemos una mirada sobre el mapa del mundo. ¿Qué llegaremos a vislumbrar? Por un lado, las partes congestionadas en las cuales, los seres humanos, llamados civiles y divididos en naciones organizadas o Estados, se acumulan unos sobre otros, incapaces de moverse sin dañarse recíprocamente y sin que el hambre entre en conflicto con la sed. Por otro lado, territorios ilimitados e incultos donde reina la anemia, el fenómeno patológico en las antípodas de la congestión. Aquí, pocos seres humanos, tan iletrados e incultos como privados de sofismas, son el precio a pagar de las culturas superiores, dormitando entre la indigencia y el ocio. Habitan a kilómetros de distancia el uno del otro, sobre fuentes de utilidad reales y de riquezas potenciales, de las cuales ni tan siquiera sospechan su existencia. Más allá de esto, aunque lo hubiesen sospechado, ellos no habrían estado, ciertamente, en condiciones de explotar con un criterio racional.

He aquí aquello que muestra el mapa del mundo, ante cualquier persona que se moleste en interrogarlo, y aquello que diría la topografía de acuerdo con la historia, a quien le quisiese pedir explicaciones ulteriores: los pueblos de la zona congestionada, que se ahogan detrás de sus fronteras, como lo harían los adultos con las vestimentas que llevan los niños, son recelosos respecto a las fronteras y todo género de particularidades así como en relación a las denominaciones nacionales. Los habitantes de la parte anémica, divididos, sin ellos saberlo, en grupos étnicos según la ciencia de algunos teóricos, profesan una increíble indiferencia hacia los problemas de éste género. Para ellos, la propiedad nacional, bajo el pretexto de un vago parentesco, que se encomienda a una genealogía étnica perdida en la noche de los tiempos, resulta un concepto metafísico completamente incomprensible. Por el contrario, siguiendo la ley natural, ellos tienen un sentido bien preciso de la propiedad personal y privada, especialmente en la medida que existen ventajas visibles y reales que ésta puede procurar a cada uno de ellos.

La línea de la conducta a seguir parecería claramente trazada: restablecer este equilibrio hacia el cual tienden las leyes de la física, de acuerdo con aquellas de la lógica; descongestionar las partes en las cuales los hombres caminan el uno con el pie sobre el otro y que no pueden alimentarse sin devorarse, ni vestirse sin desollarse; revalorizar las regiones hasta ahora incultas, y esto en beneficio —sí, en beneficio, dado que el egoísmo se confunde automáticamente, en este caso, con el altruismo— de estos inmensos espacios, fértiles y relativamente vacíos. Estos espacios atienden a la iniciativa inteligente del hombre civil como las sabias en el desierto invocan al rocío de los cielos para cubrirse de flores, frutas y espigas.

No nos parece necesario ser hombres de Estado ni sabios economistas, porque el buen sentido más elemental se demuestra como suficiente para tomar conciencia de una similar realidad. Pero justo en éste ámbito explota la verdad Eterna contenida en los Evangelios, en los cuales se ha escrito que existen cosas que Dios ha ocultado a los grandes y orgullosos, mientras que las ha revelado a los simples y pequeños. Los habitantes de las partes que hemos llamado anémicas, de hecho, poco o nada instruidas y —lo que es lo mismo— libres de sofismas e ideas abstractas, precisamente estos simples, que comprenden, sin inventar dificultades imaginarias, las verdades simples. Si hubiese una voz para manifestar lejos sus secretos deseos, hoy no pedirían otra cosa que extranjeros inteligentes y emprendedores viniesen a ponerlos en orden y organizarlos. Porque entre ellos se sienten los espacios que conocen poco y explotan mal, serían suficientes para sacarlos de la miseria y abrir ante ellos las más brillantes posibilidades.

Estos hombres modestos y limitados, que tienen ante sí horizontes, todavía no han alcanzado la perfección de los pueblos civiles, ¡que consiste en detestar al prójimo todavía más de cuanto se ame a sí mismo! He aquí porque todo aquello que piden no debe eliminar aquello que ellos, poseen efectivamente: el campo, la vaca y el contenido del granero. ¿Por este motivo ellos no deberían ver con buenos ojos a aquel extranjero que no trajese nada de aquello que ellos personalmente poseen, si no se limitase a ocupar aquello que es más lejano, que no pertenece a nadie personalmente y que nadie piensa ni tan siquiera en explotar? Si para sobrevivir, el extranjero les enseñase a ellos a valorar aquello que poseen, si les hiciese partícipes de sus considerables ganancias personales mejorando la producción, construyendo vías de comunicación, reprimiendo los abusos u organizando el ámbito de la actividad económica, cada uno extraería, individualmente, beneficio. ¡Entonces lo querrían secundar en su triunfo y verían en él a un benefactor enviado del cielo, superando finalmente su miseria e incapacidad! Respecto a los llamados valores morales como la religión, la lengua y las costumbres, no vemos a nadie, a excepción de agentes provocadores, vendidos a cuantos encuentran de su conveniencia en una atmósfera de desorden y tensión, que tuviesen el interés de alterarlo

He aquí cómo el problema —en sí todavía hoy así de simple— del equilibrio social, de la igual repartición de los hombres y de su trabajo sobre la tierra, que se presentan ante los ojos de todos cuantos son llamados simples, porque no han sido alterados ni intoxicados por la atmósfera de abstracciones que reina en todas partes. Pero no es así como han razonado los eruditos y los espíritus agudos de las partes mortalmente congestionadas. Sin embargo, para ellos todavía más que para los demás, el problema aquí expuesto constituye verdaderamente una alternativa de vida o muerte. Para esta gente, por lo que parece, los hombres —con sus preocupaciones, deseos y necesidades naturales— apenas existen, y aquellos que habitan en lejanos países, de los cuales apenas hemos hablado, cuentan todavía menos. En su lugar ellos han creado, de la nada, de los seres imaginarios a los cuales sirven, sin excitación, sus ideologías, sin tratar de descubrir realmente si aquello se corresponde con la realidad.

Según esta extravagante ideología, sustraer a un hombre la tierra que posee para dársela a sus vecinos —porque hablan la misma lengua o han sido catalogados por los científicos como pertenecientes al mismo grupo étnico— es una acción perfectamente equitativa y legítima: Más bien, ésta es la justicia. Pero ocupar políticamente y explotar racionalmente territorios ricos e inmensos, por el bienestar y la salvación de toda la humanidad, comprendida aquella que habita allí, sin tocar la propiedad privada ni la libertad efectiva de alguno en particular, es considerado una injusticia que clama venganza al cielo.

En realidad, el mal no deriva del hecho de que las naciones civiles estén congestionadas, porque poner remedio a esto, como podemos ver, no sería difícil. El mal deriva del hecho de que están completamente sugestionados, igual que aquellos hipnotizados dispuestos a lanzarse al agua o al fuego más allá de lo que abarca el círculo diseñado por el hipnotizador sobre la arena, y dispuestos a destrozarse entre ellos —esto es lo absurdo— ¡por impedirse el uno al otro abarcarlo! El pretexto invocado —pero evidentemente se trata solo de un pretexto— y, en el primer caso, el escrúpulo empujado hacia una absurda imbecilidad, contenida en la ignorancia más completa de la verdadera naturaleza de los hombres y de las cosas. Y también un irracional temor hacia los peligros inexistentes sobre los cuales se prefiere no insistir. En el segundo caso es la envidia recíproca impulsada hasta el punto de que cada uno prefiere sufrir para que el otro no deje de sufrir: él prefiere renunciar a los beneficios que podrían salvarlo, para que los beneficios del vecino no sean mayores que los suyos.

Cuando, más emprendedora que las otras, una potencia congestionada se arriesga a abarcar el círculo prohibido, entonces las vecinas, en la medida que están igualmente congestionadas, no se limitan a gritar con escándalo. Si no declaran la guerra, éstas alientan una revolución en el territorio anexo, arman a los pueblos con las artillerías más perfeccionadas, gastan sumas más elevadas para inducir también a los más pacifistas e indiferentes entre los indígenas para convertirse en improvisados combatientes y patriotas, aunque continúen ignorando el significado de éste último término.

Todas las guerras de la época contemporánea, comprendida la Gran Guerra, han tenido su comienzo en estas intrigas armadas de las naciones congestionadas que se impedían, recíprocamente, ser descongestionadas, a riesgo de acabar todas sofocadas. Durante la segunda mitad del siglo XIX, y más tarde, ha sido Turquía la que se ha desmoronado, balcanizada en buena parte, por recíprocas envidias, en los congresos de París y Berlín (cuando, por otro lado, no precisaba ser atacada por nadie,dado que el mismo miedo había neutralizado a sus enemigos). En lugar de decirse de una vez por todas: «Vosotros pretendéis esto, que yo me tomo aquello, y así todos estaremos mejor», y, de hecho, han estado vueltas en torno a China con las mismas intenciones, al igual que con Persia, Afganistán, Abisinia y Marruecos. Entonces, la inmensa Rusia ha añadido a las demás el propio peso muerto de sangre envenenada, alcanzando el colmo de lo absurdo.

¿Se llega a imaginar un círculo más estupidamente vicioso, más adverso a las necesidades vitales de todos? La idioticia humana es inmensa, infinita sin duda, y no vamos a negarlo, pero la idioticia liberada a sí misma se arriesga, tal vez, tanteando en la oscuridad, a llevar a cabo, por error, un efecto inteligente. Ahora bien, este peligro debe excluirse completamente en el caso del objeto que nos ocupa, y no estaremos en condiciones de descubrir un solo efecto de tal género desde cualquier decenio. Esto demuestra la existencia de un método en la aparente aberración, una inteligencia agudísima, pero antisocial, que da impulso a la idioticia. Las masas y las élites, en Francia, Inglaterra y Alemania —dado que todo depende de estas tres naciones— no se odian hasta el punto satánico de ayunar porque también la otra, en la otra orilla del Canal y del Rin se ayuna. Sus escrúpulos no son tan rigurosos como para inducirlas a preferir ser reducidas a la carestía y laceraciones internas, antes que salvar al prójimo de la miseria y la desesperación, salvándose ellas también — bajo el pretexto de una vaga fórmula abstracta, la cual no se puede derogar. Sus dirigentes y fabricantes de la opinión pública no son irracionales, y de maneras tan groseras, como para querer vivir sobre volcanes para evitar los peligros que ellos conocen, mejor que cualquier otro: la inexistencia y la inutilidad. Tras toda esta maraña inextricable de miedos, de absurdos e incoherencias se encuentra una idea directriz, el interés superior, ya sea del capitalismo como de la democracia, que representa el ambiente propicio.

Si no hubiese intervenido la paz sin anexiones, y —en 1878 para Turquía, en 1900 para China, y en 1919, especialmente, para Turquía y Rusia— en su lugar hubiesen sido repartidos equitativamente los territorios incultos en los que reinaba el desorden y el crimen, nosotros habríamos estado entre las naciones europeas con muchas menos «transferencias», «circulación de capitales», «préstamos», «consolidaciones» y otras invenciones, nacidas en los centros de poder, para seguir generando el fruto del que se alimentan aquellos que viven a costa a otros pueblos.

Sostener que las varias potencias habrían sido obligadas, en tal caso, a mantener inmensos ejércitos coloniales, para permanecer sobre las posiciones y posesiones adquiridas y para defenderse contra las periódicas irrupciones espontaneas de las fobias populares o nacionalistas, es un error inspirado por la interesada perfidia de la publicidad capitalista. Todas las personas sinceras que han visitado tales países y tratado a sus habitantes, pueden decir que, en el hecho de los nacionalismos, ¡estos seres simples y sin complicaciones no se dan cuenta de lo que estas palabras significan! Aquellos desean solamente la prosperidad, la seguridad y la justicia que, mucho más, están en condiciones de apreciar en la medida que están privados de éstas desde hace muchísimo tiempo. Tal vez, también ellos deseen la libertad personal, pero en el verdadero sentido del término, no como la entiende la democracia. No quieren pertenecer en alma y cuerpo a una comunidad que se apropie, en los conflictos entre particulares, las formas del propietario de una caballeriza o una cuadra. También suponiendo, contra toda probabilidad, que a estos siervos, tratados desde hace siglos a garrotazos, tengan la idea de liberarse enfrentándose a los verdaderos liberadores, ¿cómo podrían hacerlo? Poseen fábricas de municiones, cañones, blindados y carros de combate, ¿pero nunca han tenido otras armas que no sean aquellas que fabrican los estúpidos europeos? ¿Qué posibilidades tendrían en el caso de combatir a sus propios proveedores, en una demencia homicida, si todos se pusiesan de acuerdo, desde una postura benévola y paterna pero, a la vez, firme e inflexible?

Pero existe todavía una segunda leyenda, pérfida y sabiamente alimentada por la propaganda del capitalismo, cuyo horror y miedo ante la posibilidad de una solución, tanto lógica como natural, son inigualables. Esta leyenda ha llegado a ser acreditada en todas partes, y en cada país toma como referencia, evidentemente, a todos los vecinos más allá del país que la difunde. En Berlín se divulga la imagen de una Francia militarista por instinto: nada que hacer, les podría dar todo aquello que exigen, ¡las armas en la mano, dos veces todo! Hace algunos años, sobre la rivera del río Sprea se hablaba en estos términos de Inglaterra; hoy se habla menos, por precaución, pero se está en guardia para que el discurso no sea olvidado. Ahora existe en Francia el mito de una Alemania insaciable y rapaz desde su nacimiento, una pérfida Albión nunca satisfecha. En Londres no es difícil escuchar las mismas expresiones; que Gran Bretaña es la única moderada entre voraces carnívoros, mientras que más allá de sus fronteras no existe quien (comprendida la desafortunada Polonia) no haya sido calificado con el nombre de insaciable. Se trata de un verdadero y justo concierto europeo de recíprocas amenidades entre vecinos: ¡en todas partes,ellas permanecen siendo las mismas!

Otra leyenda viene acreditada por la hipótesis del debilitamiento de la primera, porque las preocupaciones no son nunca demasiadas. Y aquella de los enemigos hereditarios, que serían tales no por las necesidades, intereses, circunstancias o posiciones sobre el tablero, que pueden cambiar eliminando automáticamente los propios efectos, sino por irreductibles odios históricos, atávicos y congénitos —por así decirlo ocultos. Según esta leyenda, Francia o Inglaterra, sean cuales sean las concesiones hechas a Alemania, no llegarían nunca a impedir que ésta última, insaciable, tenga una sola idea: Saltar sobre ellos, como el perro sobre el gato, porque ella es perro y los demás gatos. Sin embargo, a veces, los roles cambian: los perros se convierten en gatos y los gatos se transforman en perros; a todas las naciones les pasa, pero la relación no cambia nunca. En consecuencia, todas deben velar día y noche, y permanecer armadas hasta los dientes: así hablan las marionetas humanas que no tienen la costumbre de reflexionar sobre aquello que dicen, yéndose a legiones, como verdaderos fonógrafos vivientes, a repetir las palabras diseminadas desde las bocas de medios de masas. A esto se le llama la opinión pública, que tantas reacciones funestas produce sobre el sufragio universal. Entonces, cuando la semilla perniciosa ha profundizado en sus raíces, el tema se agrava y pasa a ser denominado como «espíritu de los tiempos».

Es cierto que los franceses, ingleses y alemanes, por citar solamente los tipos principales de nuestra vieja, demente y degenerada Europa, no son sino especies zoológicas condenadas a odiarse y a quererse devorar por un instinto irreductible y congénito. Los pretendidos odios históricos son simples efectos accidentales que cesarán de actuar apenas las causas, también accidentales, hayan dejado de existir. Es evidente que ni franceses, ni ingleses ni alemanes son, por naturaleza, insaciables, pero también está claro que en el presente éstos permanecen insaciables, porque, con el objetivo de mantener en pie este juego, con todos los medios se les ha impedido saciarse en sus pretensiones. Si se les llegase a alimentar a todos hasta la saciedad, con suficiente pan sobre la mesa para los próximos cincuenta años, y esto sucediese en común acuerdo y no en perjuicio de los unos o de los otros, entonces tendría lugar una reconciliación sincera y duradera, la pacificación universal. Esto significaría la reducción al mínimo de los armamentos, de los endeudamientos, transferencias, circulaciones de capitales y todas aquellas múltiples ventajas que el capitalismo lleva a cabo antes, durante y después de las guerras, de todas aquellas operaciones financieras, de las cuales él es el único beneficiario a costa de todos, para evitar las anexiones que dañarían nacionalismos inexistentes.

Este sería el fin de la pesca milagrosa en aguas turbias y, lo más importante, sería probablemente —en lugar de la recíproca enemistad provocada por los patriotismos, alternativamente amenazados o alentados— la unión íntima, defensiva y ofensiva de todos los elementos honestos, cualificados y en orden, cristianos y refractarios a la subversión, de todas las naciones. Una liga blanca internacional por la defensa del suelo y la personalidad humana contra el capitalismo apátrida, y de la libertad del hombre contra la enfermedad democrática, hasta el punto de consumar el testamento de Rousseau: «alienar en las comunidades a los individuos con todo aquello que poseen».

Esto equivaldría al despertar, tras un patológico sortilegio de las masas —y también de las élites— que una moda casual del Talmud, en flagrante contradicción con una lógica sana que se empeña en convencer de que es preferible no vivir para no dejar vivir, y que es más ingenioso sufrir para hacer sufrir, y respecto a algunos fetiches, más que vivir, dejar vivir. Sería la restauración de los valores, la derrota de la despersonalización y la ubicuidad inaferrable en materia política, económica y social. Sería el fin de la enfermedad imaginaria de nuestra civilización, que el capitalismo ha provocado a través de una metódica sugestión con el objetivo de enriquecerse, tratando de sanarla con cataplasmas de fabricación propia: en una palabra, el tañido fúnebre de la democracia y el capitalismo bajo todas sus formas.

Capítulo VIII

La genial creación de una necesidad

EL creador de la sociedad secreta de los «*Iluminati*», el profesor bávaro Weisshaupt, que vivió durante la segunda mitad del siglo XIX, preparó la era revolucionaria. Él fue uno de los más grande doctores en las ciencias de la subversión. Desgraciadamente, sus conocimientos no son lo suficientemente conocidos para nuestros contemporáneos. No tenemos los textos ante nosotros, pero podemos citar de memoria sus palabras, con la certeza de no desnaturalizar su sentido: «el medio para gobernar despóticamente a los hombres es la creación de una necesidad que solo aquello que acaba sometiéndoles puede satisfacer. A través de la sugestión es necesario generar una imperiosa necesidad. Sin satisfacerla, aquellos que se quieren someter no deberían sentirse ni tan siquiera capaces de existir».

El profesor Weisshaupt hablaba del «rango mercantil» que, con razón, consideraba el más vulnerable. Pero en aquel tiempo, éste todavía no tenía la importancia que adquirió en lo posterior. Hoy, ésta se ha acabado haciendo extensiva a toda la realidad, y una suerte de parálisis ha golpeado al mundo. El capitalismo moderno lleva a cabo la fórmula de Weisshaupt, su plan magistral llevado a la práctica con un éxito que no tiene parangón en la historia. El capital líquido, que «circula», «es transferido» y «puesto en circulación», es el oro, la plata e innumerables sucedáneos de papel, es la necesidad imperiosa sin la cual la humanidad no puede vivir ni un solo día. Es un error decir que el dinero siempre ha sido la base de la vida: éste ha representado solamente un elemento de lujo, de lo superfluo. Los ricos, en un tiempo, poseían, relativamente, poco; los pobres no lo veían casi nunca. Todavía al inicio de nuestro siglo, en Rusia, muchos pequeños cultivadores, lo suficiente acomodados, jamás habían visto un billete de diez rublos; cuando ellos poseían alguna moneda, era destinada, especialmente, a la taberna, como un *«pourborie»*.

Las marcas de intercambio resultan muy cómodas y no serían nocivas en absoluto si fuesen consideradas simplemente como aquello que son; es la estupidez humana la que las convierte en peligrosas, haciendo un objetivo de ellas cuando solamente son un medio. Por todo cuanto reflejemos, estaremos obligados a decir que todo el maquillaje del capitalismo y su hegemonía mundial solamente tienen por base la increíble estupidez humana.

Hubo un tiempo en el que un padre golpeaba a su hijo cuando éste último contraía deudas, porque contraer deudas era sinónimo de «darse a la buena vida» y esto, en un tiempo, no tuvo nada de prehistórico. También puedo decir que mi madre, al mandarme a la escuela, me recomendaba no ir a buscar dinero entre los usureros. Esto, hoy, en todas partes lo hacen: padres serios e hijos pródigos — y aquello que es peor, no pueden no hacerlo. Los profesores modernos proclaman que el crédito es la riqueza. Por este motivo, quizás las riquezas no sean más que ruinas camufladas: si rigen sólo gracias a un equilibrio artificial, y se derrumban, todo de una sola pieza, como castillos de arena, sin que pequeñísimas vidas cedan en todas partes — ni un acreedor recalcitrante experimente «un cambio de vida».

En un tiempo, riqueza significaba independencia, no tener necesidad de nadie, no tener que dar cuenta a nadie. Hoy ocurre justo lo contrario: la riqueza implica una situación menos independiente que la pobreza, porque la riqueza es el crédito. Por costumbre, se pregunta todavía hoy, hablando de un hombre rico que recobra la función política, ¿qué parte de esa riqueza puede estar segura? Él no puede hacer nada deshonesto porque tendría más pérdidas que ganancias. Si es un error, él tendría que decir lo contrario, ¡Ay del moderno Creso, si tiene la desventura de incurrir en las iras del capitalismo en el que se asientan sus raíces: a un golpe de hacha está listo, toda su riqueza en papel no valdrá sino para encender un buen fuego. El multimillonario moderno es el ser menos independiente del mundo y, en consecuencia, el más fácil de manipular. Él puede permitirse el lujo de desobedecer menos de cuanto pueda hacerlo un pequeño cultivador. Hablamos de pequeños cultivadores que trabajan con sus propias manos, y en su pequeño pedazo de tierra, donde vive el hombre más independiente de nuestra generación. Por lo que respecta al gran propietario terrateniente, también él es dependiente, como todos los demás ricos, frente a los créditos y el capitalismo. Su vida es muy diferente de aquella de sus abuelos: ni tan siquiera puede almorzar o pasar la noche en su castillo, en medio de vastas propiedades, sin recurrir al dinero.

Pero los hombres están tan acostumbrados a la enormidad de tal estado de cosas, que han llegado a sorprenderse del hecho de que se considere increíble esta circunstancia.

El sofisma consiste en la circunstancia en la que un propietario, si quiere comerse su pan, hecho con su trigo, si quiere calentar su casa con su leña o su carbón, debe pagar porque aquellos a los que da trabajo tienen que adquirir el pan, la leña o el carbón.

Y así sucede en todo el mundo para todo aquel que produce, consume o intercambia. Cada vez la humanidad pierde algo bruscamente, sin beneficio para nadie, salvo para el capitalismo, que se ha constituido como único detentor del llamado «eje de las cosas», de la necesidad imperiosa que Weisshaupt ha inventado para dominar a los hombres. Para hacer esta necesidad todavía más urgente, el capitalismo, que no deja nunca aquello que puede servirle, ha extendido su protección sobre el lujo, sobre la lujuria y la publicidad, que se encarga de hacer de alcahueta entre los dos. Esto ha asegurado al lujo y la lujuria —a estas dos cosas que atraen de forma irresistible a todos los hombres y de las cuales es tan difícil separarse cuando se les ha tomado el gusto— un extraordinario desarrollo, que lo enfrentan con aquello que se había visto en el pasado. Ha encontrado el modo de ponerlas en un buen mercado para hacerlas accesibles y despertar, de tal modo, en los modestos el deseo del dinero que les permite procurárselo.

Quitando el hecho de que ya sobre el lujo, la lujuria y la publicidad el capitalismo hace ganancias directas, porque lo financia reservándose los intereses, éste ha aumentado en proporciones considerables esta sed universal en relación al capital circulante, que es el talismán de su potencia. De tal modo, esto activa todavía más el proceso de éxodo de los campos hacia las ciudades, que son los lugares del lujo relativo y los placeres groseros. Las ciudades son, y siempre han sido, ambientes filodemocráticos y socializantes: son el crisol en el cual el hombre receloso de la propia y personal, personalísima independencia, e imbuido en el sentimiento de su propiedad soberana, se transforma sin ningún esfuerzo en ciudadano. Esto último reivindica solamente la libertad de gritar, como una oveja que bala con el resto del rebaño y cuya lana termina en la ciudad, en las manos de aquellos que la han financiado y la han tomado en contrato.

En cuanto al campo, el capitalismo tiende, directamente, a través de medios económicos o, indirectamente, a través de las influencias político-sociales de las que dispone a convertir en precarias, por no decir insostenibles, la posición de los medios y grandes propietarios, así como de todos los elementos independientes, inteligentes y capaces de iniciativa. A continuación, su objetivo es aquel de llevar a cabo, el estado de cosas que le han salido bien en América, donde se financia a un gran número de pequeños cultivadores para permitir establecerse, a condición de que estos desafortunados deudores, raramente con la posibilidad de rescatar la deuda, suministren a las empresas, financiadas por ellos en la ciudad, con la totalidad de sus productos. En la práctica, esto significa la servidumbre de la tierra —la única fuente de toda verdadera utilidad, valor y riqueza— al capitalismo, y la restauración, con todas las apariencias democráticas, de la antigua *corvée* y de los siervos del Medievo. Y si todavía falta el derecho de los golpes, aquel del suplicio del hambre, ¡ya existe!

En estas condiciones, solamente podemos admitir que nosotros, grandes y pequeños, ricos y pobres, hombres de ciudad y hombres de campo y propietarios y proletarios, son todos, tomados individual, corporativa o socialmente, como siervos del capitalismo. Siervos travestidos de ciudadanos iguales en las democracias republicanas, con el fin de que las personalidades inteligentes y, eventualmente, en condiciones de rebelarse ante el yugo de éstas democracias, sean ahogados en el cúmulo de las mediocridades gregarias, pasivas e incapaces de discernir. Si lo comprendemos y queremos gritarlo para aclarar las ideas a nuestros contemporáneos, nuestra voz no será escuchada, porque todos los órganos que la transmiten permanecen bajo la esfera del capitalismo: encontraremos sólo a los sordos, y nos veremos obligados a hacernos mudos.

Creemos cumplir un deber cívico pagando los impuestos, siempre crecientes: en realidad, pagamos solamente un tributo al capital internacional. Si, por un caso extraordinario, un Estado pudiera pagar su deuda, contraería otra deuda, o prestaría a otros: todo porque no esté en la piel de quien no «debe» y al cual no se «debe».

Nadie somos, en todas partes nos encontramos, sea lo que sea que poseemos, no podemos salir a la calle sin dinero, ni tan siquiera permanecer en nuestra habitación. Sin dinero no podemos producir, ni tan siquiera consumir, ni nacer ni morir, comer, dormir o respirar — y el peor de los males es que todo esto ha terminado por parecernos normal. Sí, nosotros somos todos, en todas partes lo somos —y los groseros capitalistas, junto a nosotros, y quizás más inmediatamente que nosotros— los siervos del capitalismo. Así como no podemos vivir sin agua o aire, por lo que si estas sustancias no fuesen propiedad de todos, estaríamos en el poder de quien tuviese su posesión, hemos sido conducidos a un punto en el que no podemos vivir sin dinero.

Pero el dinero —se nos evidenciará— no pertenece a todos, como el agua o el aire, o al menos a quien es capaz de ganárselo con su trabajo o la valorización de las distintas fuentes de utilidad. Y si antes queremos buscar a alguien, que sea de forma más específica, dueño o distribuidor ¿no es quizás el Estado el que regula la moneda en función de la necesidad, y no son las grandes instituciones financieras a él asociadas las que operan sobre las emisiones necesarias? A estas dos objeciones nos parece superfluo responder, desde el momento en que nuestros contemporáneos saben sobradamente el propósito, habiendo adquirido tales cogniciones por experiencia. Pero otra pregunta muy interesante se impone en este punto: ¿Cómo es posible que los grandes capitalistas caigan en tal hipótesis? ¿Cómo pueden ser los siervos del capitalismo, dado que ellos son sustancia del mismo? Son, en efecto, la sustancia y, eventualmente, sus co-beneficiarios económicos, sin formar necesariamente las células directrices, y conscientemente motrices, de la gigantesca mafia, cuyos innumerables tentáculos estrangulan al mundo.

Ciertamente, existe más allá de estos una dirección única, porque ante la falta de la unidad de acción que estamos obligados a considerar, no existiría. Estos grandes capitalistas constituyen, en su mayor parte, solamente las articulaciones mediante las cuales se actúa y, tal vez, se estrangula. Su participación, en beneficio del organismo —cuyo plano de conjunto es generalmente desconocido— está vinculado a la condición de obediencia. Lo que ellos no dejan de hacer, sin alguna particular perfidia, gracias a su desinterés materialista hacia aquello que no les toca inmediatamente. Con adecuadas depuraciones de rangos, se han dispuesto a demostrar como aquellos que, en el caso en el que el deseo y la independencia superasen ciertos límites, se arriesgarían a ser rápidamente «ajusticiados». Un grano de arena en los engranajes de sus asuntos, un tiempo fallido, y esto es suficiente como para truncar la confianza y el prestigio sobre el que descansa su crédito: a menudo no existe otra posibilidad de abatir a estos seres así de vulnerables que, a veces, la demencia mira como a gigantes.

¿Pero dónde se encuentran entonces las células de mando y unificación? Toda la fuerza del capitalismo irrumpe en este círculo cabalístico, cuya circunferencia se encuentra en todas partes, como podemos ver sin dificultad, pero su centro parece no estar en ninguna parte. Todavía estamos obligados a deducir su existencia objetiva y efectiva con certeza matemática. En todo tiempo y lugar constatamos los múltiples efectos admirablemente coordinados, con una precisión en los detalles y una coherencia tan indiscutible que excluye irrevocablemente toda hipótesis coincidente.

Con gran disgusto, no estamos en condiciones de aportar a este propósito revelaciones inéditas. Todo aquello que entra en nuestro poder se agota en la observación de que el sistema capitalista es, gracias a esto, la sociedad secreta por excelencia, la más formidable, la más universal sociedad que jamás ha existido. De hecho, todos nosotros —comprendidos aquellos que se esfuerzan en señalar el fenómeno— estamos obligados, directa o indirectamente, a contribuir en la exaltación de esta potencia que ni tan siquiera conocemos.

Capítulo IX

Las «logias» y las «células»

TRATAREMOS de desvelar algo, llamando la atención de nuestros lectores sobre un fenómeno contemporáneo de máximo interés: la desconcertante analogía de los medios empleados en la evolución subversiva en cada tiempo y lugar en el ámbito político, económico y social, y también en el dominio mental, del cual deriva el resto. La constatación de la uniformidad de los métodos empleados en las circunstancias más dispares y en relación a cosas que, en apariencia, no tienen relación alguna con otras, será para nosotros una garantía ulterior de la unidad de inspiración existente en la diversidad de los fenómenos. Se verá como una nueva demostración del hecho de que un único centro directivo coordina, como una especie de Estado Mayor, el conjunto de las manifestaciones subversivas: no solo en todo el mundo, sino en los más diversos órdenes de ideas, a menudo incluso contradictorias a la vista de los profanos, y para nada subversivas en su comienzo — si nos limitamos a considerarlas por sí mismas sin analizar sus funciones específicas en la concatenación universal de las causas y los efectos.

Hemos analizado ya las manifestaciones contemporáneas, las cuales actúan, aparentemente, en su propio dominio, no solamente sin suponer un bloque único, sino siendo consideradas por la mayor parte de los hombres de nuestra época como ubicadas en las antípodas las unas respecto a las otras, y destinadas a mantenerse enfrentadas. Se trata del capitalismo, del Estado capitalista, del nacionalismo —con su superlativo, el chovinismo— del militarismo, liberalismo, democratismo, radicalismo y socialismo.

Ahora veremos con qué uniformidad de método todas estas manifestaciones son puestas en escena, sin saberlo de la mayoría de las apariciones que la representan —similares a los señores y a los principios de aquellas comedias teatrales, en las cuales los papeles de los protagonistas son dados a confindentes y valedores— tan solo, el verdadero y antiquísimo enemigo hereditario de la humanidad: aquel que solamente se verá saciado el día que plante su cetro sobre la tierra.

A través del estudio siempre más profundo y rigurosamente documentado de las sociedades secretas, y en particular de la masonería, de la cual se están ocupando algunos autores en nuestros tiempos, se ha llegado a entrever algo. Sin embargo, aquello que se ha descubierto hasta el momento no ha alcanzado el resultado esperado. No han aflorado aquellas revelaciones sensacionales, de inmediatos efectos melodramáticos, soñados por los lectores de las novelas de boletín para poder tejer, sobre la trama, sus peores pesadillas. Pero hay algo mejor, porque en lugar de crónicas limitadas a la masonería, se posee material para la generalización de un frente más amplio.

Las Logias no son lugares donde ocurran hechos extraordinarios, ni donde se susurran secretos terroríficos. Los llamados iniciados —también comprendidos aquellos de grados superiores— a pesar de sus títulos pomposos, no saben mucho más de cuanto sabemos nosotros. Hoy en Inglaterra son el rey, los príncipes, los duques, los obispos, los arzobispos anglicanos y los grandes industriales los que componen estas logias. En Francia, y en todo el continente europeo, antes de 1789 eran los príncipes reales, los duques, obispos y arzobispos católicos, así como los grandes burgueses: existían incluso logias «azules» para las damas de la alta sociedad.

Sin embargo, parece hoy innegable que justo en estos salones, probablemente de una suprema elegancia, hayan dispuesto el plano para la espantosa tragedia que acontece en nombre de la Revolución

Francesa. Aquellos gentiles hombres estaban sinceramente animados por ideas nobles y generosas, pero fueron manipulados por «células» subversivas que se introdujeron en las logias del siglo XVIII. La moda de las logias había sido lanzada por los propios elementos subversivos, justo para que éstos se difundiesen en aquellos ambientes liberales y discretos, donde las influencias deletéreas pudiesen actuar de forma progresiva. El hecho de que estos masones de blasón hayan sido llevados a desear su propia perdición no debería sorprendernos: ellos malinterpretaron el exacto sentido de los términos a través de un vocabulario novedoso, así como tampoco fueron capaces de discernir las relaciones entre causas y efectos. Ciertamente, debían entender las palabras «libertad», «igualdad» y «justicia» como ellos debían entenderlas, como nosotros las entendíamos cuando éramos niños — y no en el sentido que, en lo sucesivo, la democracia les ha dado.

A los hombres del siglo XVIII, aquellas «grandes conquistas» que —como la democracia— nos disgustan puedan aparecer como seductoras: pero ellos veían sólo la rectificación de ciertas, y despreciables, desviaciones del Antiguo Régimen (del cual no percibían el carácter positivo) sin sospechar su carácter auténtico, ni mucho menos las consecuencias.

Así, ya fuese durante el siglo XVIII como durante todo el siglo XIX, la masonería representó la antesala inconsciente del mal, el vehículo, el «buen conductor», gracias al cual la electricidad subversiva alcanza la política y la sociedad — pero no al centro generador de este mal.

Las células subversivas han sido injertadas en las logias precedentemente para preparar tal fin. Éstas son propagadas en función de un proceso de fermentación que ha disgregado el fondo, dejando la superficie lo más inalterada posible para no llamar la atención sobre nadie. Los viejos dignatarios han dejado sus puestos para cubrir el proceso desde su responsabilidad, creyendo que siguen siendo los pontífices de las logias, así como los profanos lo suponen. En realidad, otros elementos, introducidos sin tratar de ocupar los puestos más relevantes, los manipulan. Así ha sido para los adeptos de Weisshaupt antes de la revolución francesa, cuando las logias fueron «iluminadas», por aquellos y actuaron en consecuencia. De modo que, antes de 1848, y en el segundo periodo revolucionario, sufrieron en todo el continente la influencia de la «*Alta Vendita Romana*», con los resultados bien conocidos por la historia. En Francia y los países latinos, la masonería no ha interrumpido su constante caída hacia la base: con el advenimiento de la Tercera República francesa y el nuevo Reino de Italia, fundado sobre los adeptos de Mazzini y Garibaldi, la masonería «ha desafiado a la opinión pública», enfundándose un gorro frigio de un rojo brillante. En Alemania han existido logias bien orientadas y frecuentadas por personalidades «de orden», hasta la caída de las monarquías en 1918, después de que estas logias hayan «cambiado de casaca», democratizándose con una velocidad desconcertante. Esto prueba que en el fondo estaba bien preparado y que las «células» solamente habían dejado intacta la fachada.

Es un hecho digno de mención que en los países católicos haya una masonería peor que en aquellos protestantes, al menos después de la Revolución Francesa. Esto se explica porque, más consciente que las confesiones reformadas, la Iglesia Romana, sobre la base de su propia experiencia histórica, ha prohibido a sus miembros su entrada — mientras que las Iglesias disidentes no poseen la suficiente autoridad moral para impedirlo. En otros lugares, parece que tampoco sienten deseo alguno.

Cuando se conocen las altas personalidades que forman parte de la masonería anglosajona, nos podría llevar a la necesidad de comprobar en ella la existencia de algún mal. Sin embargo no necesita olvidar que, antes de 1789, las logias tenían elementos elegidos y cualificados, que permanecían bajo el juego de las «palabras» como libertad, fraternidad, humanitarismo, filosofía, tolerancia, o virtud cívica. La masonería británica actual está cubierta por el manto real: las personalidades por encima de cada sospechoso que forma parte de ésta, y que oficialmente la dirigen, le aseguran la más elevada honorabilidad. Ella permanece, antes, claramente separada de las logias homónimas y degeneradas del continente. No obstante, ¿no está también ella, como aquellas que le han precedido en el siglo XVIII, bajo el «trabajo» de las células subversivas? Ellas operan, como en todas partes, con el tacto y la discreción indispensables para que la contaminación sea imperceptible.

¿No estaremos asistiendo quizás a la gestación silenciosa de una nueva tragedia histórica que, por el momento, se alimenta en las profundidades, y se desarrolla en las vísceras sin dejar que nada aflore en la superficie? Sería muy difícil responder sí o no.Pero es incontestable que ya existe en Inglaterra un conocido malestar, que se asemeja mucho a aquel que advierten, parece, las personas afectadas por el cáncer cuando éste todavía no se ha manifestado: algo parecido a un síntoma insólito y penoso, premonitorio de la enfermedad sin expresar todavía un sufrimiento físico.

El favor por el cual los sionistas, instintivamente odiados en todos los demás países, también los no cristianos, disfrutan excepcionalmente, tomadas todas las clases del Reino Unido —comprendida la aristocracia terrateniente— y todos los partidos —comprendidos también los conservadores— es un síntoma casi único en la historia. Se añade a esto la desconcertante tolerancia de la que disfruta, en todo momento, el bolchevismo, como otras doctrinas claramente subversivas. ¿No se debería hacer un acercamiento a tal respecto? Por otro lado, las anomalías que se observan en la política inglesa —también cuando los conservadores están en el poder— llamándonos la atención como nos encontramos privados de argumentos para explicarlo racionalmente.

En 1919, en la época de la memorable y deplorable Conferencia de París, con un gobierno llamado de coalición; compuesto por conservadores y liberales, sin elementos que perteneciesen a la izquierda propiamente dicha, en Inglaterra, el país de la «respetabilidad» por excelencia, se hacía propaganda abiertamente a favor de los bolcheviques rusos. Ésta mostraba una cierta debilidad por todos los países, partidos y movimientos socializantes —o al menos radicalizados en ese sentido— de nuestro continente. Podríamos tender a creer que Albión se habría convertido en la campeona de Israel y la democracia, y que todo a lo que a ellas se opusiese resultaría auto-

máticamente «tabú». El método consiste en hacer de Lloyd George
o cualquier otro personaje, el chivo expiatorio de una política tan
extraña que nos parece como «cogida por los pelos». Acusar de simple perfidia a los hombres de Estado ingleses, como a todos aquellos
que, más allá del canal de la Mancha, han dado su opinión, nos parece absolutamente insostenible, sin tener en cuenta la honorabilidad
personal de la mayor parte de ellos. De hecho, estaba claro que esta
política valía, para los intereses de Inglaterra, como el abrazo de un
apestado.

Aunque la historia nos muestre a los aristócratas franceses del
siglo XVIII a través de una perspectiva deformada, es difícil sospechar que esté animada por aquel lenguaje corriente que se ha dado
en llamar «espíritu masónico». Todavía más difícil nos resulta imaginar a los «*noble lords and honourable gentlemen*» que gobiernan
Inglaterra como poseídos por este espíritu destructor del orden conocido. ¡Todo lo contrario! Su natural cercanía hacia aquello que se
relaciona con la tradición quizás podría parecer exagerado, si puede
existir exageración en el bien. Todavía menos lo vemos en los paños
de los fervientes bolcheviques o revolucionarios de cualquier forma.
No obstante, podría encontrar a muchos que hablan de progreso,
de la necesidad de pertenecer al propio siglo, de la imposibilidad
de oponerse hacia la fatal marcha hacia delante, de generosidad de
ánimo, de esta forma de clarividencia que consiste en frenar el movimiento revolucionario —inevitable ante el «espíritu» de los tiempos— llegando a ser ellos mismos semi-revolucionarios, o al menos
demócratas.

Los mismos propósitos eran susurrados —y, a continuación, de-
clarados— en muchos salones aristocráticos de San Petersburgo,
algún año antes de que esta ciudad se convirtiese en la Leningra-
do de los bribones y piratas capitalistas. Como ocurrió con París y
Versalles, antes de 1789.

Otras personalidades británicas, más serias, hablaron en un tono
diferente: confesaron el profundo disgusto personal hacia los bolcheviques, la propia ausencia de afinidad respecto a las repúblicas y
democracias menos avanzadas — pero añadiendo que la política es

política, así como los negocios son negocios. Y estará siempre en el mismo sentido: siempre más hacia la izquierda, ¡también cuando lo hace con desgana! Los miembros de la extrema derecha inglesa, los «*dying hard*», como son llamados, escucharán con escepticismo si les hablan de la necesidad de una auténtica reacción. Su estrategia es aquella de seguir el pretendido progreso que sólo puede conducir, fatalmente, a la izquierda, pase lo que pase, pero ralentizando el proceso en la medida de lo posible, impidiendo a los demás (socialistas y radicales) acelerar demasiado el paso y quemar etapas. ¡Esto es lo máximo que se puede hacer, según los más conservadores entre los conservadores, los más tradicionalistas entre los tradicionalistas de la vieja Inglaterra! Haber hecho nacer este estado de impotentes resignaciones, que por la vileza del otro no se ambicione salvarse de las destrucciones: ¡He aquí un golpe maestro de la estrategia subversiva! Tal forma de persuasión está destinada particularmente a los ambientes aristocráticos, o al menos a aquellos ricos, pero existen otros sistemas adaptados a todas las clases y gustos.

A la burguesía media se les explica que los únicos seres odiados son los aristócratas: cuando éstos se vean arruinados, serán ellos los que tomen su puesto y se harán servir del pueblo, que permanecerá tranquilo. A los campesinos se les dice que tendrán mucha tierra y que no deberán trabajar más. A aquellos que ya tienen un poco, se les deja creer que la tierra vendrá requerida para ser entonces distribuida sólo a partir de un cierto número de hectáreas o metros cuadrados. Los obreros están convencidos del hecho de que todos se convertirán en patrones riquísimos. En los corazones sensibles se enumeran las miserias humanas, prometiéndoles solemnemente su eliminación. A los patriotas, idealistas y entusiastas, se les exhorta a inmolarse sobre el altar de la patria, de la civilización o de la humanidad. Si esto no basta, se encuentra cualquier otro interés superior — como, por ejemplo, el derecho de los pueblos a autogobernarse.

A quien posee sensibilidad religiosa, se les cuenta que Cristo fue el primer socialista y el primer demócrata, y que en las comunidades cristianas primitivas los bienes eran comunes. (Lo que no impide que se considere intolerable si esto se practica en nuestros días, en las actuales comunidades religiosas, que son despojadas en lo posible, no tanto por envidia —dato del que bien poco se sabría sobre tales riquezas en el balance de un Estado moderno— sino por suprimir esta mentira viviente ante los detractores del cristianismo). Con los intelectuales propiamente dichos la empresa resulta más difícil. Cuando no se llega a corromperlos o halagar sus ambiciones personales, persuadiéndoles de que todo el mundo predica que van a ser los pastores y guías de la humanidad regenerada, se prepara para ellos todo un stock de marxismos, sindicalismos, intervencionismos, positivismos, solidarismos, nietzcheanismos, hegelianismos etc. ¡Frente a un arsenal tan científico, ellos no querrán arriesgarse a parecer menos científicos!

No terminaríamos nunca con esta enumeración de todas las variedades de la raza humana y de los métodos aplicables en cada una de ellas, por lo que estamos obligados a destacar algunas entre las más interesantes. Nos limitaremos a decir que con los capitalistas, los cuales tienen el mundo moderno en sus manos, verán adoptadas las argumentaciones capitalistas, de modo que acabarán por convencerlos a todos: gracias a ellos, se tendrá al resto de la humanidad en sus manos, de los cuales son dueños en la práctica.

La frase estereotipada es esta: «Es necesario ser hombres del propio tiempo». Esta frase nos hace olvidar que somos justo nosotros los que construimos el tiempo: ¡Creemos ser el efecto en lugar de la causa! Y cada uno de nosotros, tomados de forma separada, escucha, repite y aplica esta frase. Así procede la «iniciación», o más bien las iniciaciones, adaptadas a todas las categorías de la humanidad, muy probablemente con los matices y variantes en función de los individuos que se trata de conquistar.

Pero si los caminos que se hacen recorrer a estos ciegos o semiciegos, guían solamente a otros ciegos, son los más variados, la mitad no pasará de la inconsciencia, o semi-inconsciencia, donde siempre permanecerá. Toda esta «iniciación», considerada en su conjunto, tendrá como efecto la estimulación de la iniciativa negativa, a través de aquella subversiva, de unos, paralizando al mismo tiempo la posibilidad de una iniciativa positiva, aquella reaccionaria, de los otros. Si leemos las numerosas memorias de la época, esta «inicia-ción», la reencontramos en la obra anterior a la revolución francesa y antes de las revoluciones de mediados del siglo XVIII. Y si no estamos completamente privados de memoria, nos acordaremos de su forma de actuar antes de la revolución rusa. Pero la desgracia de los demás no ayuda nunca a aquellos a los que se les ahorra: ni mucho menos estamos seguros de que sea beneficiosa para aquellos a los que se ahorra esa misma desgracia.

Hemos usado el término «iniciación», adecuándolo a una fraseo-logía adquirida en materia de masonería, pero no nos hemos expre-sado demasiado bien. Las «iniciaciones», en el sentido de un actuar oculto, existen solamente en la imaginación de los tontos atraídos por lo maravilloso: mejor sería hablar de una saturación lenta y metódica, en sustancia nada diferente, a grandes rasgos, de aquella puesta en escena en los círculos, camarillas, salones, escuelas, uni-versidades y asociaciones de todo tipo —también en los partidos y todas las células— para que puedan penetrar y actuar.

Ciertamente, las logias no son las únicas matrices en las que el mal puede desarrollarse: este privilegio lo comparten, a distintos ni-veles, con todas las instituciones y grupos humanos que conocemos. Pero ellas son como viveros bien adaptados, porque generalmente vienen ordenadas en función del trabajo particular que debe cum-plirse en cada una. Quizás las logias no sean tan secretas como a menudo nos son descritas. En todo caso, constituyen ambientes de máxima discreción, tan discreta como una asociación de seres huma-nos podría serlo. En una logia no entra quien quiere; no queremos decir con esto que nadie pueda entrar en una logia – más bien esto resulta más fácil a través de ciertos círculos y salones – pero nadie puede entrar en todas las logias. Solo entrará en aquella logia justo aquel que esté adaptado a aquella logia, no a otra – bajo el perfil de la personalidad, del carácter, del pasado, de la posibilidad de deve-nir y la situación social. En tal caso no será él el que dé el primer paso, porque por mucho tiempo él ignorará incluso la existencia de esta logia, sino que será ella, a través de todos sus medios, quien lo atraiga a él hacia ella.

El espíritu del cuerpo, el punto de honor corporativo que reina en las logias: aquí ellas resultan mucho más claras que en cualquier otro grupo humano. De esta homogeneidad, debida a la previsora selección y a la recíproca discreción de sus miembros, derivada la solidaridad llamada fraterna. Tal solidaridad sabe convertirse en activa y eficaz, y lo es generalmente con ostentación frente a los únicos beneficiarios, y la exclusión de otros elementos – y esto para ligarlo con los vínculos de interés y ambición.

A tales ventajas y derechos se corresponden los deberes. Sabiamente, allí han aparecido como insignificantes en apariencia, para que no escandalicen ni disgusten a nadie. La masonería, no lo olvidemos, se ha rebelado ante todas las naciones, clases, profesiones y tipos de mentalidad. Pero cada logia está destinada a un tipo específico, que debe disponer de un espíritu particularmente permeable sin reprimir en ellos nada que pueda resultarles querido. En la Gran Logia de Inglaterra, la más frecuentada y respetable de todas, no podría imponerse, sin peligro, el contacto con el Gran Oriente, que ha penetrado totalmente en el terreno del ateísmo y las ideas subversivas. Pero pese a que las relaciones se rompieron oficialmente, también sobre el plano efectivo, en la forma de satisfacer y preservar a sus miembros, el hecho es que ambas continúan trabajando solidariamente, sin que haya sospechas. El Gran Oriente se esfuerza en socavar las bases de la sociedad, mientras que la Gran Logia de Inglaterra trata de paralizar la resistencia con el pretexto de frenar, con gran habilidad, una fuerza que se presume demasiado grande para ser combatida en campo abierto.

Ha sido suficiente con mantenerse lo estricto y necesario del espíritu masónico para hacer catecismo, o mejor dicho «el pequeño catecismo», de todas las logias del mundo. De ellas resultan la totalidad de las ideas generales como el liberalismo, el humanitarismo (a veces llamado solidaridad humana), la tolerancia, y aquellas ideas tras las cuales, en el siglo XVIII, iban aquellos prelados y marqueses que se apresuraban a guillotinar.

La intolerancia, en particular, es el pecado por excelencia a ojos de la ortodoxia masónica. De modo que, al margen de aquello que se refiere a los delitos de derecho común que son competencia de los tribunales, un buen masón debe discernir lo menos posible lo verdadero de lo falso y el bien del mal. En resumen, no debe reconocer en su conciencia ni un solo error ni un verdadero mal: la intolerancia del error y el mal. Bajo el pretexto de un desmesurado respeto por las opiniones de los demás, tal ambiente conducirá a la indiferencia de todos, sin ello, habríamos podido combatir el error y resistir al mal antes de que este error y este mal llevasen sus frutos envenenados, que ni tan siquiera a los tolerantes les es posible tolerar. El resultado será distinto para las personalidades más vigorosas y fuertes. Desde su neutralidad, estas personalidades, por efecto de la sugestión metódica y lenta del ambiente, se convertirán en negativas. Ellas odiarán, no conformándose más con tolerarlo pasivamente, todo aquello que hay de positivo en este mundo: todo aquello que posee una creencia, una fe, y sabe de la necesidad de combatir aquello que se opone a esta creencia y esta fe — en el ámbito religioso, en el dominio político, social y religioso.

Estos masones, que no son todavía los más relevantes, llegarán ya, automáticamente y sin llegar a darse cuenta, a ubicarse en las antípodas del pensamiento cristiano: odiarán todo, salvo aquello que es tibio, aquello que viene impulsado por la misericordia de Cristo, quien dijo: «Permanece ardiente o frío, porque si estás tibio, te repudiaré a través de mi boca». Así rechaza a priori, todavía antes de nacer, por boca de quien «ha hablado como nunca una boca ha hablado». La masonería, desde su complejo, detestará sin ningún otro motivo, a la Iglesia católica romana. Ésta última representa la excepción frente a la cual ella traicionará su propia intolerancia: el hecho mismo de esta antipatía, en un cierto sentido congénita, la dejará en evidencia ante todos como la única intolerante. Lo que equivale a decir que ella es la única en creer realmente, y en profundidad, que se halle en posesión del bien y la verdad: en consecuencia, no se puede creer contemporáneamente lo contrario, ni tolerar sobre un plano de tolerante igualdad aquello que se le aparece como el mal y el error.

No sucede lo mismo con las sectas cristianas disidentes, que se

manifiestan como tolerantes solo porque dudan — ninguna entre
ellas se encuentra persuadida de creer que la verdad se encuentre,
quizás, en la secta de al lado. He aquí el motivo de porqué se entienden con la masonería, y por qué aquellas que se han alejado del
viejo tronco romano se han acercado incluso al hebraísmo, a través del puente que la tolerancia masónica ha construido sobre aquel
abismo que separa el espíritu de Cristo de aquel de sus verdugos.
La masonería no solamente es enemiga de la Iglesia de Roma[16], por
el hecho de que, en su tolerancia, tolera solamente aquello que no
tiene color, sabor ni olor. Ésta alimentará la misma hostilidad hacia
todo aquello que, en cada ámbito de la vida práctica, sea totalmente
afirmativo e integral en sus sentimientos. ¿Entonces odiará también
aquellas manifestaciones violentas de la fe y la intolerancia que se
llaman comunismo, bolchevismo y, en menor proporción, sindicalismo y marxismo?

---

[16] «Los Romanos Pontífices, nuestros Predecesores, velando, solícitos por la
salvación de los pueblos cristianos, conocieron tempranamente quién era, y que
quería, este enemigo capital (la masonería); lo conocieron apenas emergió de las
tinieblas en su oculta conjura, revelando su inspiración y su método, tomados
para amenazar con sus previsiones, aquellos principios y aquellos pueblos que
no se dejaban sorprender por las malas artes e insidias dispuestas para enga-
ñarles. El primer aviso del peligro se tuvo en el año 1738, por parte del Papa
Clemente XII (*Constitutum in eminenti, die 24 aprilis 1738*) que fue confir-
mada y renovada por el Papa Benedicto XIV (*Const. Providas, die 18 maii
1751*), por el Papa Pio VII (*Const. Ecclesiam a Jesu Christo, die 13 septembris 1821*) que seguía las huellas de sus predecesores. León XII, incluyendo en
la Constitución *Quo Graviora* (*Const. data die 13 martii 1825*) aquello que
había sido decretado anteriormente, fue ratificado y confirmado para siempre.
Pio VIII (*Encíclica Traditii, die 21 maii 1829*), Gregorio XVI (*Encíclica Mi-
rari, die 15 augusti 1835*) y Pio IX (*Encíclica Qui pluribus, die 9 novembris
1816*; *Allocuzione Multiplices inter, die 25 septembris 1865*, etc) hablaron con
seguridad muchas veces inspirados por el mismo sentimiento. Hoy, siguiendo el
ejemplo de nuestros predecesores, hemos decidido expresarnos contra la misma sociedad masónica, contrarios al sistema de su doctrina, a sus intentos, a
su manera de sentir y actuar, donde realzar todavía más su fuerza maléfica, e
impedir así el contagio de esta peste tan funesta... De los indicios ciertos, que
poco antes hemos mencionado, resulta que éste último es el principal de sus
fines; sabedlo bien: la destrucción de los fundamentos de todo orden religioso y
civil establecido por el Cristianismo, y la edificación, del mismo modo, de otro

Si hablamos solamente de la masonería, dejando de lado a las «células» subversivas que «trabajan» para que las logias encuentren un mayor caldo de cultivo. Nuestra opinión es que la masonería no tiene simpatía por los partidos y las corrientes extremistas, sean cuales sean. Se ha demostrado que la masonería ha colaborado en la preparación de la Revolución Francesa. Y no olvidemos que la secta de los «*Iluminati*» los inspiraba, los manipulaba y hacía ir de aquí para allá y hacía donde hubiese querido. Se ha dicho que la masonería ha sido barrida por el movimiento elemental de las masas. Esta explicación no es seria: las masas no tienen movimientos elementales, porque carecen de conciencia colectiva. La fuerza que liberó a los masones era la misma que les había hecho seguir la parte del programa que estaba destinada a sus capacidades. Agotada esta función, no quedaba más que destinar otra función a otros, pero como le habían tomado el gusto y no querían «ajusticiar», ellos fueron finalmente ajusticiados. Este es el agradecimiento de los regímenes de la «hermandad».

Salvo la Gran Logia de Inglaterra y las logias a ella asociadas, la masonería es de raíz aristocrática: en ocasiones también es, aunque más raramente, popular, obrera y proletaria en el sentido usual de la palabra. En este caso, no hablamos del proletariado intelectual

---

orden con fundamentos y leyes extraídas de las vísceras del naturalismo. Más allá de esto, los errores causan ya en nosotros turbación y bastan para infundir miedo y espanto en los Estados. Porque acabado el temor a Dios y el respeto a sus Divinas Leyes, tenida en menor consideración la autoridad de los principios, consentida y legitimada la manía de las revoluciones, desencadenadas con mayor licenciosidad las pasiones populares, sin otro freno que una eventual condena tendremos, forzosamente, mutaciones y desórdenes. Y es precisamente esto que, cerebralmente, maquinan ostentosamente y en acuerdo, muchas organizaciones de comunistas y socialistas, en los diseños en los que verdaderamente que sean ajenos a la secta de lo masones, dado que éstos apoyan abiertamente aquellos intentos de acuerdo con sus dogmas fundamentales.» En estos términos se expresaba, en la Carta *Encíclica Humanun Genus* (20 de abril de 1884) el Sumo Pontífice León XIII. Como, en menos de un siglo, esta drástica condena ha sido superada, hasta el punto del actual buen clima de relaciones entre la Masonería y la Iglesia Católica — es un tema de reflexión que proponemos, voluntariamente, a cualquier lector católico tradicionalista.»

que es, al contrario, el elemento constitutivo. Ésta permanece, ante todo, como típicamente burguesa, hecha a posta para este hombre medio, cuyo color es el de un muerto y su temperatura tibia — en esta mediocridad intelectual y de instrucción encontramos lo que algunos llaman «élite».

Hay un error y una verdad al mismo tiempo al querer meter en el mismo saco todo aquello que da resultados subversivos. Hay un error porque se trata de frentes totalmente separados, sobre los cuales actúan fuerzas humanas que ni tan siquiera se conocen. A menudo, éstas son completamente inasimilables las unas respecto a las otras, y más bien estarían dispuestas a combatirse recíprocamente: por ejemplo, el capitalismo y el socialismo, el nacionalismo chovinista y la masonería internacional, el militarismo y el pacifismo. El capitalismo ordinario —y nos convencemos entrevistando a la mayoría de sus componentes— de hecho no se considera como subversivo, todo lo contrario: cree representar también una forma perfeccionada de propiedad. El nacionalismo y el militarismo no lo son en sí mismos ni en sus intenciones: ellos se consideran baluartes de la sociedad contra la subversión. También hay algo de verdad en ello, porque todas estas fuerzas humanas, en apariencia contradictorias, son manipuladas de tal modo, para provocar un mismo resultado final, claramente subversivo.

La masonería se revela, simplemente, como una de tales fuerzas, o más bien señala el área en la cual se ejercitan determinadas fuerzas, gracias a las cuales éstas se expresan contra los límites asignados — pero de tal forma, que se integran en el conjunto estratégico general con fuerzas afines a agentes de otras áreas. La estructura masónica, con sus superposiciones de logias, siempre más seleccionadas en vistas de la «iniciación» o, más bien, de la saturación —en el sentido por nosotros indicado— de sus miembros, se presta magníficamente a este tipo de trabajo. Se trata de ingeniosos invernaderos de plantas venenosas, donde son completados sabios injertos, pero entre éstos sería exagerado concentrar todo el Estado Mayor del movimiento subversivo.

Si fuese así, los masones de alto rango no se habrían convertido

en las víctimas de las revoluciones por ellos desencadenadas. En
realidad, ellos han dado comienzo siempre, y solamente, al primer
acto, tibio, tolerante y burgués — pero es éste el que determina
fatalmente la continuación de la obra. Y es esto lo que se exige de
ellos; antes de que se les elimine.

Apéndice

El valor de la fidelidad y la «dignidad» humana

LA pequeña caballería medieval se revela, en efecto, mucho más «proletaria» que el orden ecuestre de la Antigüedad. Numerosos caballeros, pródigos pero pobres, no poseían ni tierras, ni riquezas ni ningún otro bien, a excepción de los instrumentos de su noble oficio: la hoja amada e inseparable, la cabalgadura fiel y la armadura de acero. Como los proletarios de hoy —¡pero también como los pájaros del cielo!— ellos no tenían la oportunidad de abastecer el granero y, a menudo, para completar la jornada bastaba la fatiga —que consistía a veces en una empresa heroica o en una acción generosa— ellos ponían el noble oficio de las armas a disposición del señor que los solicitaba: ¡pero el dominio de este oficio no resultaba un negocio tan ventajoso como aquel de la usura, ni el objeto de adoración estaba representado por la moneda, esa hostia de Satanás!

El caballero libre, que tenía derecho a sentarse en la mesa del rey y de romper una lanza por los bellos ojos de las princesas, servía libremente al propio jefe y señor, pero lo servía con constancia, fidelidad y sumisión leal... No tenía la falsa vergüenza de seguir al propio señor, como estos patanes descarados de nuestro tiempo, los cuales pretenden que la «dignidad humana» les impida a ellos servirse de quien sea, y que pretenden considerar señores y benefactores como simples clientes y partes de una relación especial de intercambio con iguales derechos — en efecto, ellos también se encuentran sometidos al oro y a la hostia metálica que ha sido aludida anteriormente.

El caballero servía —sin ser éste sometido— a su superior y señor que también era un caballero, con las mismas obligaciones de fidelidad y de servicio el uno respecto al otro, superior y señor a su vez respecto a él. De hecho, todo aquello que en el Medievo contaba en términos de unidad cívica, sin pertenecer a los órdenes religiosos, estaba incluido en los rangos de la caballería — o volvía a las funciones de los escuderos, en el aprendizaje de la caballería. El emperador y el rey eran caballeros, y habían recibido en su juventud los espolones, lo que ocurría con frecuencia entre los que lideraban la jerarquía medieval: el que probasen la habilidad de sus armas en torneos.

En estos siglos, que ahora nos complace presentar como saturados de servil oscurantismo, existía una suerte de camaradería agonística de fuertes lazos, fundada sobre el respeto recíproco y sobre aquello que a cada uno le correspondía: existía un elemento de igualdad entre vasallos y señores, en el seno de la gran Internacional caballeresca y cristiana. Las relaciones entre vasallo y señor, entre subordinado y superior, no estaban reguladas por el deseo del lucro de uno y el rencor del otro, ni de un sordo ni satánico rencor recíproco, sino por aquel código de la caballería, cuyos residuos y últimas reminiscencias constituyen aquello que no se deja definir del todo con el apelativo de honor — también, si en general, este término (ya sea de origen aristocrático como por intrínseca cualidad) es empleado solo abusivamente.

Ninguna contradicción, bajo el perfil sustancial y formal, resulta mayor —por ejemplo— que aquella que existe entre el honor derivado de las tradiciones caballerescas y aquella invención democrática destinada al uso de los plebeyos, que constituye para la democracia el «ersatz[17]» del honor y que ha sido bautizada con el nombre altisonante de «dignidad humana».

El honor de los caballeros sabía conjugar la fiereza con la modestia, pero ésta última permanecía ausente de todo servilismo. Para ser investido caballero eran indispensables tres juramentos y los tres

[17]En alemán significa literalmente «sustituto» o «reemplazo». (N.d.T)

se reconectaban a aquella noción de servicio que ha sido exaltada por las palabras y el ejemplo de Cristo, así como anatematizada por Satanás y sus acólitos modernos — los cuales se esfuerzan en confundirla con la opresión que justo ellos mismos practican (refiriéndose a ellas bajo los nombres de libertad y liberalismo).

Estos tres juramentos se referían: el servicio a Dios, objetivo principal respecto a todo lo demás; el servicio del señor al cual —después de Dios— eran debidas la lealtad y la obediencia del vasallo, en cuyos límites ellos no se comparaban ni con la voluntad ni la ley divinas; el servicio de la mujer, las cuales eran destinadas por el derecho a los homenajes heroicos, las protecciones válidas, y la cortesía generosa de los caballeros. Sin embargo, eran justo los antepasados de estos nobles, considerados intratables y alterables, que se repetían por tres veces una palabra considerada humillante e intolerable al oído de los hijos de un limpiabotas: servicio, servicio, servicio.

Sin embargo, también el servicio más honesto y leal mantiene algo íntimamente estéril cuando falta la fidelidad que lo anima. Entonces era ésta última la virtud caballeresca por excelencia: el más bello ornamento moral de la caballería, cuyas palabras venían, a menudo, incisas como motivos en los blasones. (Por ejemplo, aquel del Príncipe de Gales es: «*Ich dien*» –«yo sirvo»– , y nosotros lo reencontramos igualmente en las armas gentilicias de las antiguas familias todavía hoy existentes. Aquel del Papa es: «*Servus servorum Dei*»). La fidelidad no se demandaba a los plebeyos, mercenarios simples y vulgares cuyo objetivo venía representado por la bolsa de oro que se les restregaba por sus caras: la exigía, al contrario – más bien, se tenía el derecho a exigirlo – que los caballeros, siendo advertida entonces la fidelidad como hija de la nobleza...

En numerosas ocasiones he tenido la desagradable oportunidad de comprobar como nada ofende más al vulgar henchido de la «dignidad humana» de la democracia, como la sospecha de la fidelidad. Para los piojos que la Revolución Francesa y la Carta de los Derechos Humanos han infatuado, o para aquellos, más nauseabundos todavía, que se hallan desbordados de idílica ternura por la Revolución Rusa; para los descendientes bastardos de Voltaire o Rousseau, como para los abortos de Mazzini, como para aquellos de Marx y Lasalle, por los dignos resultados de este acomplamiento sugerido por el verbo escocido de Shakespeare, no existe peor injuria que la acusación de poseer la virtud caballeresca y cristiana de la fidelidad. Durante siglos ella ha sido considerada como la esencia misma del honor de la misma confraternidad internacional del Medievo — aquella que ha creado este concepto y que resulta más en «orden» para juzgar tales valores.

Cierto es que la pretendida dignidad humana de los «advenedizos», opuesta al honor generado por la caballería y la nobleza, se revela, en efecto, como hija de la revolución y el desorden, y como receloso espíritu de rebelión. Al no reconocer que el inferior deba ser el instrumento dócil de la voluntad del superior —bajo el pretexto de que tal voluntad pueda resolverse en un capricho— y arrogándose el derecho a definirlo a placer —bajo el pretexto de la pretendida igualdad humana—, la «dignidad humana» destruye, o al menos obstaculiza, toda posibilidad de funcionamiento normal del organismo político, económico y social, a todos los niveles.

Ya se trate de la familia, del Estado, del poder, de la oficina o la taller, hoy no es posible mandar sin dar la sensación de suplicar, y cuando, por casualidad, se digna a obedecer, se hace como si se concediese un favor. Gobernar y dirigir: ¡esto significa hoy ser una especie de virtuoso que suena sobre centenares de millares de sensibilidades hiper-patológicas e hipersensibles! De ellas se nos desenreda solo con precauciones inauditas, con el fin de no molestar, para desgracia para estos mimosos humanos, que ayer, todavía, recibían patadas, y que improvisadamente se han despertado en un estado agudo, y casi histérico, de susceptibilidad quisquillosa y molesta. Todos aquellos que a causa de su función política, económica y social están obligados a tener dependientes y servidores, saben algo, porque ellos han alcanzado un resultado, y esto solamente acontece en virtud de «toques» en el arte de acariciar y halagar las envidiosas y desconfiadas sensibilidades.

Ahora bien, para que la relación entre autoridad y subordinación constituya la base indispensable para el funcionamiento del poder, del taller o del Estado, y porque la discusión de los actos de mando por parte de aquellos que solo deben obedecer representan la negación de todo posible orden administrativo —y, en consecuencia, de toda posible racionalidad productiva y prosperidad colectiva— resulta que cada engranaje, incluso el mejor diseñado, no funciona más y se detiene, desde el momento en que éste tropieza con la estúpida mezcolanza de envidia, dignidad y estupidez humana. Su rendimiento llega a ser ridículo y desproporcionado respecto al esfuerzo, y de esta manera tenemos el espectáculo de esta gran máquina —y de las pequeñas máquinas que componen las unidades casi moleculares— en la cual todo se rompe, se escama y corrompe en el desorden provocado por las sacudidas de las innumerables dignidades humanas, y en la escandalosa inversión de todas las funciones y todos los valores.

Esta «dignidad humana», impúdica e imprudente porque hoy todo es lícito, aliada con la envidia descarada de la bestia insaciable, que excluye indignada —como si se tratase de una ofensa y una lesión hacia la majestad de los bípedos humanos— la obediencia, fidelidad y gratitud por el pan diario, lo considera desde una bajeza servil, indigna del progreso democrático, así como ocurre con estas nobles virtudes de caballeros y paladines — aunque aquellas cuestiones de honor se entendían un poco más que por parte de la turba injuriante de nuestro siglo. Y por lo que respecta a tal «dignidad humana», insidiosamente difundida entre la masa imbécil, por parte de aquellos que saben muy bien lo que hacen, ¡es una de las más funestas aberraciones, las más nefastas e insanas entre las modernas! Ella se revela como mucho más peligrosa en la medida que los bobos —o la práctica totalidad del género humano— la consideran como necesaria e inevitable en sí misma: como provocada por una especie de energía incalculable que es someramente interpretada en términos de progreso.

Estas víctimas de una mediocridad y vanidad anárquicas que dividen y disgregan, estimuladas por los elementos de discordia, artificios abandonados a sus propias ruinas y sufrimientos, no quieren

darse cuenta como, justo dentro de ellos, reside el mal mortal: solo
depende de ellos llegar a extirparlo, eliminando el principio de rebelión y plegándose a aquella sabia disciplina jerárquica que ellos han
aprendido a odiar y despreciar. De hecho, la cabeza no puede mantenerse sin sus miembros, así como los miembros tampoco pueden
mantenerse sin la cabeza, y cuando los miembros, que actúan en base a reflejos, sustituyen la cabeza donde reside la reflexión en la cual
debería concentrarse el mando, interviene aquella epilepsia política,
económica o social que nosotros constatamos y experimentamos, a
menudo, en nuestras modernas democracias.

La patológica «dignidad humana», esta enfermedad característica e histérica de la igualdad artificial entre seres desiguales, erigida
como el principio de un progreso que se resuelve solamente en confusión y anarquía, mezcolanza de manías persecutorias y delirios de
grandeza —los cuales dudan de la propia realidad, respecto a la cual
son recelosos— es expresión de revuelta taciturna y muda. Esto significa ya el cáncer revolucionario que mina y corroe los organismos
sociales en sus funciones más indispensables: silenciosamente, sin
que nada se filtre — pero quizás por esto más eficazmente que por
las grandes revoluciones, las cuales, revelándose como catástrofes,
al menos están en condiciones de suscitar reacciones y producir, de
inmediato, reactivos de violencia de eficacia proporcionada.

Se podría definir el Medievo como la época del respeto de los valores —valores teológicos dinásticos, sacerdotales o aristocráticos—:
un respeto no impuesto, sino innato, porque los hombres tenían entonces una concepción «sutil» de la realidad, y no «naturalista», y
creían —por ejemplo— que el bautismo implicaba un nuevo nacimiento de la Gracia, pero que también la dignidad sacerdotal, episcopal y real transformaba el carácter humano de quien era investido
por tales funciones.

Entonces era admitida como una suerte de propiedad intrínseca
y virtud incontestable, la cualidad superior de una sangre ilustre.
Un monarca, un príncipe o un prelado no eran, a los ojos del hombre
medieval, seres iguales a los demás, y a los cuales se les manifesta-
ba deferencia porque fuese necesario. Desde aquello, esta fidelidad

—que no se agotaba en un respeto convencional, sino que significaba auténtica devoción— expresaba los respetos hacia los grandes del mundo. Se respetaban todos los valores reconocidos como tales: se respetaban sinceramente, no por interés sino por la cualidad que se reconocía en ellos. Todos a excepción de los valores de Bolsa: los únicos tenidos en estima a día de hoy.

La familia feudal

Atravesar los bastiones y el puente levadizo es la palabra de orden convenida con la guardia que vigila ante las puertas. Vemos ante nosotros, en primer plano, al señor con su familia. Entonces vemos al capellán, que cada mañana celebra el oficio divino, —al cual asiste, rodeado por su propia familia, amigos, caballeros y servicio doméstico— el señor del castillo, que antes de cada comida pronuncia la breve plegaria de bendición. También tenemos una pequeña corte: las damas de compañía, hijas maduras o jóvenes de la nobleza, los pajes, los hijos cadetes que tarde o temprano serán investidos caballeros, que son los compañeros de armas del señor, con el cual comparten la paz doméstica y los peligros de la existencia.

Sirven al señor con la fidelidad prescrita por los códigos de ca ballería, siendo también nobles, y como tales pertenecen a la misma casta, pueden aspirar a la mano de su hija y llevar sus mismos colores en los torneos y la batalla. Se trata de hombres libres y fieros ante la obediencia, que no se ruborizan ni avergüenzan de ser contrarios a la dignidad humana: ellos no solamente son los defensores de los modales, sino también de los campos circundantes y sus laboriosos habitantes — los cuales, en caso de invasiones o guerras van, junto con sus familias, a buscar la seguridad entre los muros y los fosos del castillo, que ellos mismos, preventivamente, han aprovisionado con los frutos de su trabajo. Como este ejército era exiguo, si lo comparamos con los pequeños destacamentos modernos —justo un puñado de valientes, que conocían las leyes de la guerra y el código de honor— ¡y cuán inocentes deberían parecernos sus instrumentos mortales!

En un segundo plano se encontraba el servicio doméstico porque todo, o casi todo aquello que se necesitaba eran confeccionado en casa: las finas telas, tejidas durante las largas tardes de invierno, con el lino del campo circundante, los preciosos bordados para los ornamentos de las damas, y las pesadas armaduras para los guerreros.

No existían todavía las grandes compañías anónimas para transformar en oro capitalista la sangre de los cristianos: ¡De hecho, se estaba en los siglos de la barbarie y el despotismo!Los artesanos y los sirvientes eran reclutados entre los siervos de la familia. Sirviendo desde la temprana infancia, a menudo ellos habían participado en los juegos del actual señor cuando éste era niño, o cantado junto a su cuna: sus nombres y relaciones familiares, todo cuanto se refería a los parientes que vivían de la tierra, fuera del castillo, era bien conocido por el señor, y constituía parte de los recuerdos de su infancia y juventud.

Los sirvientes nada tenían que ver con los mercenarios que sirven hoy aquí y mañana allí: aquella gente que observa con la mirada cargada de odio y envidia la casa en la que sirve. Ellos eran humildes amigos, conscientes de que la humildad es la más cristiana de las virtudes, convencidos de que si Dios les había asignado esa posición en lugar de cualquier otra, esto + había sucedido porque en función de la paterna providencia, él sabía que era justo lo que le convenía para alcanzar la salvación. También estaba persuadido de que el primer deber, si no quería que su moralidad fuese inferior a la de un perro, era reconocer la benevolencia y la justicia de la cual disfrutaban, por la seguridad de su propia existencia, de la de sus hijos y sus ancianos, para la protección y el alimento que ellos recibían en abundancia gracias al señor — todo esto a cambio de un trabajo moderado y para nada febril, desde el momento en que no se había llegado a la época del dinero y los brazos no faltaban.

A la sombra segura de los bastiones almenados, se formaba generalmente una pequeña ciudad: de aquí deriva el término burgo o burgués — del germánico «burg», castillo. Allí habitaban los fabricantes y artesanos: oscuros, pero auténticos artistas por herencia y tradición familiar, llegaban a poseer una incomparable y atávica maestría para sus varios oficios. Precursores de la pequeña y mediana burguesía, formaban una clase intermedia entre los campesinos y los siervos de la gleba; disfrutaban de una cierta autonomía y particulares franquicias con el beneplácito del señor del castillo, frente al cual debían asumir tareas específicas y deberes para el común interés, a cambio de su protección, sancionada por las leyes de caballería. Su organización, como cualquier otra en el Medievo cristiano, tenía carácter familiar; el taller, compuesto por el Maestro, los artesanos y los aprendices, constituía una especie de familia unida, más allá de los vínculos de parentesco, por vínculos espirituales. En esta época, considerada bárbara, no teníamos todavía los obreros gruñones, ni los proletarios con sus reivindicaciones, porque en el vértice de la jerarquía económica no existían las enormes máquinas anónimas capitalistas dispuestas a triturar la carne humana hasta la última gota de sudor cristiano para fabricar dinero — y los hombres, pese a su ausencia de luz democrática, eran más serenos, tranquilos y felices.

En los talleres medievales el canto acompañaba al trabajo, a la sombra de los muros protectores del castillo feudal, y muchos de estos cantos, a menudo trataban sobre los caracteres de monumentos artísticos y literarios, que se han conservado en distintos países hasta el día de hoy. Aquellos que entre nuestros contemporáneos no han tenido tiempo de profundizar en los conocimientos de literatura e historia, al menos habrán escuchado hablar de la obra «Los Maestros cantores de Nüremberg» — donde el término «maestros cantores» no asume todavía el significado convencional de nuestro siglo de progreso democrático. Estos trabajadores, en su despreocupada alegría, estaban protegidos por las armas de los generosos caballeros, prorrumpían en cantos de alegría, no formaban sindicatos revolucionarios para defenderse de explotadores anónimos, insensibles y despiadados.

También los propios hijos del Maestro, antes de haber completado su aprendizaje, eran llamados aprendices y «compañeros». Los «compañeros» eran considerados como hijos adoptivos en la casa en la cual trabajaban, que se acababa convirtiendo también en su propia casa: ellos disfrutaban de su comodidad y tenían en su corazón el prestigio, no protestaban arrogantemente por los horarios y pagas, y a menudo se convertían en los sucesores de los Maestros — justo como el valiente caballero podía llegar a ser el hijo del *burgrave*[18] que reinaba en el castillo y sus alrededores.

En la jerarquía artesanal, como en la jerarquía estrictamente feudal, las diferencias de categoría eran mucho menores de cuanto lo son hoy aquellas de clase: la vida era más simple, menos artificiosa y más libre, en esta época patriarcal y cristiana en la que los delirios de un Rousseau, un Marx o un Lasalle —provocados por la insaciable y despiadada avidez de los capitalistas correligionarios de estos dos últimos— todavía no había sido infectada. Las industrias eran pequeñas en comparación a aquellas actuales, pero se sometían plenamente a las necesidades de la gente: mediante un incremento de producción, proporcional al aumento de la población, éstas habrían sido suficientes también en nuestros días.

¡La riqueza se mide con la suma de los bienes de los cuales se dispone, y no con jeroglíficos impresos sobre trozos de papel! Bajo este aspecto, los señores feudales, —así como, con las debidas proporciones, los burgueses puestos bajo su protección— también eran ricos porque poseían, de forma sobreabundante, todo aquello que podían necesitar, hasta el punto de no verse obligados a «tener cuentas», como los más ricos entre los modernos plutócratas. Su bienestar se extendía a cuanto les rodeaba; no sólo a las familias sino también a la pequeña corte, a los caballeros compañeros de armas, a los fabricantes de los suburbios adyacentes, y a los campesinos que hacían fructificar sus tierras, porque todos —cada uno en función de su justo objetivo y grado social— constituían los elementos de la misma gran familia.

Un cierto comunismo feudal —por bizarro que pueda parecer el

---

[18]Castillo o ciudad fortificada. El nombre deriva de la forma alemana *Burggraf* y del holandés *Burggraaf*, como rango superior al Barón pero inferior al *Graf* (Conde), o *Burch-græve* (del latín medieval: *burcgravius* o *burgicomes*). (N.d.T)

acercamiento a este adjetivo y sustantivo— regía en una época en la cual el servidor y el dependiente no se consideraban, según el estúpido concepto de dignidad humana actual, como una potencia autónoma (¡lo que hoy día equivale, a menudo, a miseria autónoma!) enfrentada al señor, sino que, en un cierto sentido, se entendía como parte integrante de los bienes de éstos, de cuya riqueza él extraía su propio mantenimiento, cuando le he era dado satisfacer sus necesidades.

Si, bajo algunos aspectos, el servidor dependía del señor, éste último también, junto con todos sus bienes, dependía a su vez del servidor. Éste estaba personalmente interesado en el acrecentamiento de la riqueza y potencia del señor, porque hablando podía decir «nosotros»: justo como hoy un hijo puede decir «nosotros» refiriéndose a la posición y medios del padre, aunque se encuentre sometido a su autoridad y no resulte, legalmente, el legítimo propietario de sus bienes.

Como desprecio a los innumerables detractores del feudalismo, éstos eran, en efecto, los términos de la situación normal de los señores medievales respecto a los criados y los siervos, que venían a representar una extensión de la familia más allá de los muros del castillo. No se veían a los miserables que se ven hoy en torno a las grandes fábricas, víctimas de las leyes implacables de la oferta y la demanda, con su pretendida dignidad democrática cargada de odio y rebelión, que transforma al ser humano en un paria privado de la luz del sol y de los colores de la primavera. La tierra del señor, madre generosa de súbditos fieles, alimentaba a los hombres que la impregnaban con su sano sudor, mientras que los muros del castillo, con los víveres y las reservas que el previsor señor había acumulado, aseguraban refugio y una relativa seguridad en el caso de peligro externo. A cambio de esta seguridad y la tierra —en un cierto sentido de propiedad común— que ellos normalmente podían explotar en función de sus necesidades (y no con el límite de un puñado de harina o patatas), los campesinos beneficiarios de estas ventajas debían de corresponder con un tributo que ellos pagaban con aquello que poseían, es decir, con el fruto del trabajo de sus manos: trabajo infinitamente más saludable y menos debilitante que aquel de los obreros «libres» y «dignificados» revolucionarios de nuestra época.

En cuanto al contenido efectivo de la dependencia, éste era igual a aquel de hoy. Para convencerse, bastará con tomarnos la molestia de observar la sustancia de los hechos despojados de sus apariencias, sin limitarnos a juzgar superficialmente la servidumbre, de las palabras, de las frases y los signos de diferencia exterior. El trabajo obligatorio que los campesinos debían prestar en lugar de las tasas no pagadas se llamaba «*corveé*» — palabra que impulsa a emitir un grito de horror a nuestros hipersensibles (aunque a menudo homicidas) humanitarios, como si el actual servicio militar, o el tributo de sangre, no fuese también una *corveé*, como lo era el tributo del sudor. El mundo del Medievo, permeado por los principios del orden y la jerarquía cristiana, no había iniciado todavía el camino del progreso, ni había perdido la costumbre de ubicar a los hombres y a las cosas en su propio rango — las funciones venían asignadas según una racional división del trabajo. Los señores, los caballeros y los nobles pagaban un tributo de sangre para defender a los campesinos y los habitantes del burgo, mientras que aquellos pagaban un tributo de sudor para proveer y cubrir todas las necesidades de los primeros.

Este reparto de deberes sociales, que imponía a los señores y a los nobles, a una restringida élite, la contribución de la sangre (ante la cual las masas se hallaban franqueadas, habiendo dejado a éstas solamente la contribución del sudor), se revela como una repartición sabia y racional. En primer lugar, por el número exiguo de combatientes que aportaba contenido al inevitable mal derivado de las guerras. En segundo lugar, porque se atenuaban de tal modo aquellos efectos desastrosos y desequilibrantes en el ámbito económico, bien conocidos, por desgracia, por nuestra nueva generación. Finalmente, porque en esta repartición tenía en cuenta aquella tentación del abuso de la fuerza bruta, que inevitablemente nace del manejo de las armas, restringiendo el uso a una élite profundamente animada por el ideal cristiano, sometida al juramento de la caballería y educada en la escuela del honor.

Nuestros demócratas humanitarios no desaprovechan ocasión para asustar a los niños y a los adultos, intelectualmente infantiles, con las historias de terribles carnicerías y saqueos medievales. Si desde la parte de nuestra simbólica barricada existiese mayor solicitud y espíritu de iniciativa, sería fácil probar con cifras en la mano y datos estadísticos, venerados en nuestra época de todas las presuntas atrocidades que llenan las cabezas, las persecuciones, las guerras civiles, nacionales, dinásticas y religiosas del Medievo no han costado a la humanidad más sangre y lágrimas que las guerras y revoluciones sociales —con las subsiguientes carestías, epidemias, persecuciones e infamias— que han teñido de sangre el último decenio, o sumido en las dificultades, la miseria y en el fango a sus supervivientes.

Sin embargo —los libros, los discursos y la prensa continúan proclamándolo incesantemente— estas hecatombes contemporáneas sin precedentes ni posibilidades de comparación con las mayores catástrofes del Medievo, tienen como objetivo el humanitarismo y la democracia, estos fuegos fatuos embusteros con los que Satanás se enmascara para llevar a la ruina a los imbéciles con su propia complacencia. ¡Esto es el progreso, cuyos efectos han costado más agonías físicas y morales en diez años de liberalismo y humanitarismo, de cuantas había producido el oscuro, intolerable y tiránico feudalismo en el curso de un igual número de siglos! Tal espantoso anacronismo es debido al hecho de que, contrariamente al orden cristiano y los principios medievales, se ha impuesto a las masas el pago del tributo de sangre, en lugar de dejar para ellas aquel del sudor. Se ha hecho de tal modo que ellas se destruyesen unas a las otras paralizando la vida económica y social, mientras su ignorancia amoral, la envidia instintiva e impulsiva incoherencia resultaban espoleadas por aquel sentido de potencia que deriva del uso arbitrario de la fuerza bruta, siempre vinculada a los cañones y las bayonetas.

Y ahora, al precio de esfuerzos dramáticos y sobrehumanos, con la recompensa de innumerables heroísmos y enormes sacrificios, en nombre de la libertad y la fraternidad se ha reducido al terror del mañana, se grita al lobo —que, en efecto, se encuentra ya en medio del rebaño— porque han sido despertados y exasperados los instintos primitivos de la bestia humana, preventivamente pervertidos y desarraigados de toda moral. Así, después de haber desencadenado los instintos, las concupiscencias y los estímulos más groseros sirviéndose de milagrosas promesas, se arriesgan a ser, a su vez, arrollados por estos procesos incontrolables —sin otro dogma ni otra ley que aquellas de las fuerzas elementales de la inercia, estimulada y exasperada— ¡también aquellos que las han probado y provocado! Nuestros antepasados del Medievo, más sabios que nosotros, se han deslizado largamente por esta pendiente trágica y fatal porque, permeados por el espíritu jerárquico cristiano, formaban una élite nutrida con ideales nobles y desinteresados: eran la élite de la caballería, animada por aquel código de honor que les confería la delicada función de manejar la espada — la cual pudo tener un doble corte y un doble fin, así como lo tiene la terrible función de hacer justicia, reservada justamente a Dios.

Sin embargo, los señores y los caballeros, en la medida que buscaban guiarse oficialmente en función de un código, cuya dignidad, moral y nobleza constituyen todavía un modelo para los mejores de nosotros; en la medida que quisiesen adherirse plenamente a los principios según los cuales debían respetar a los débiles que juraban defender contra la fuerza bruta al precio de su vida — no eran en el fondo más que hombres, y la legislación más sabia y previsora solo pudo contener el mal inherente a la naturaleza humana, pudo atenuar las consecuencias, no anularlas o eliminarlas radicalmente. Y esto que el Medievo no ha podido evitar, y de hecho, yo no pretendo que esto represente entonces una página sin mácula en la historia del mundo.

Los señores y sus compañeros de armas abusaron a menudo, y gravemente, de los privilegios feudales frente a los campesinos y sus siervos, cometiendo actos de violencia y crueldad hacia aquellos que el código de caballería imponía defender y proteger a cambio de un trabajo que hacía producir a los campos. Pero estos deplorables e inevitables errores, fallos y fechorías —que para los modernos historiadores democráticos, extrañamente olvidadizos respecto a lo que sucede ante sus ojos, intencionalmente distraídos e inmersos en un ambiente, para ellos, predilecto, nos hacen contemplar a través de grandes lupas— revelan, con exactitud, las imperfecciones inherentes al carácter mismo del feudalismo, cuyo fundamento, altamente moral y digno de respeto, estaba constituido por el principio patriarcal y familiar — muy difícil de cumplirse integralmente sin que mediasen abusos, cuando la familia se amplía hasta convertirse en una gran comunidad, y sus componentes ya no son reclutados entre los voluntarios animados por una particular vocación, como sucede en las congregaciones eclesiásticas.

Se hace una publicidad un tanto ruidosa y tendenciosa en torno a las barbaries medievales, perpetradas por tiranos pertenecientes a la aristocracia y el clero católico, y sufrido por las víctimas del liberalismo y el «libre pensamiento». Me permitiré entonces centrar la atención de mis lectores en algunas cifras que he evitado, escrupulosamente, extraer de los «bienpensantes», limitándose sólo a aquellos aportados por la historiografía liberal, no sospechosa, ciertamente, de simpatías «ultramontanas». Según estos congéneres, correligionarios y compatriotas de torturadores bolcheviques, el más fanático de los inquisidores, el tristemente famoso Torquemada, habría provocado, durante su larga actividad, tres mil víctimas. La noche de San Bartolomé, teniendo en cuenta no solamente a París, sino a toda Francia, habría costado la vida a treinta mil hugonotes. El balance de la conocida persecución religiosa emprendida por el Duque de Alba, en los Países Bajos, no supera los dieciocho mil hombres, y con ello a toda la inquisición española —este espantapájaros por excelencia, mediante el cual se tiene la imprudencia de conmover y asustar a los plácidos contemporáneos de Braunstein, Trotsky, Radeh, Zobelshon y Bela Kuhn— no supera un total de cien mil hombres, en el intervalo de varios siglos.

Comparamos estas cifras, que justamente podrían parecer espantosas para los ciudadanos de las comunidades ideales, con aquellas del dulce y fraterno idilio en el cual, bajo los auspicios maternales de la democracia y del libre pensamiento —es necesario decirlo: incom-

parablemente tolerante en su género— nosotros tenemos la triste
suerte de vivir después de 1914. Esta guerra, por sí sola, ha costado
la vida a más de quince millones de seres humanos, ha causado lu-
tos y, a menudo, ha reducido a la miseria a un número de personas
todavía mayor, ha sometido a hierro y fuego durante años a territorios inmensos, transformándolos en áridos desiertos y destruyendo a
multitud de naciones. Y todo esto para alcanzar el objetivo proclamado por innumerables opúsculos, periódicos y libros. El objetivo
de hacer triunfar los grandes principios de los antepasados de 1789-
1792 — denominados libertad, igualdad, justicia, humanitarismo,
derechos de los pueblos a morir de hambre y epidemias, derecho del
hombre a ser guillotinado, ahorcado, destripado, degollado etc. Al
precio de tales sacrificios sin precedentes en la historia, y en virtud
de tan altos principios, los hombres y el pueblo pudieron, en efecto,
¡pudieron disfrutar durante larga medida de susodichos derechos!
En Rusia los degollados, los empalados, crucificados, fusilados, los
muertos de inanición, cólera, tifus, locura, por dificultades, y otros
innumerables azotes se pueden contabilizar como una decena de millones. En Hungría, se pueden consultar hoy las estadísticas que el
fraterno liberalismo ha dejado impreso como la marca de la infamia
sobre el breve reinado de Bela Kuhn y sus acólitos. En Armenia y
otras zonas del imperio Otomano son bien conocidas las empresas
de los Jóvenes Turcos. Si bien es cierto que no se pueden comparar
con aquellas de Rusia ellas batieron, en gran medida, los records
con las persecuciones directas contra los hebreos.

Cuando entran en acción, las fuerzas de la Subversión moderna,
desde luego que no usan medias tintas: ¡son capaces de alcanzar en
un año de torturas y carnicerías el equivalente a un siglo de persecuciones medievales! Por lo demás, todo esto está justificado, según
ellos, por una ideología que consideran de carácter superior, casi
religioso, en la cual la «defensa de la dignidad humana» —siempre
desde su punto de vista— bien merece el asesinato de los millares
de personas que no compartan esta visión. No corremos el riesgo de
equivocarnos sosteniendo que los crímenes cometidos por las fuerzas de Subversión modernas y sus acólitos, en sesenta de las viejas

provincias de Rusia durante un año de bolchevismo, superan en número y por el horror de los particulares, en cuanto a su atrocidad y arbitrariedad, a todo cuanto haya podido ser cometido contra estas fuerzas en el intervalo de un siglo de feudalismo medieval.

Nos faltaría espacio para relatar las brutalidades (numéricamente inferiores) perpetradas en Austria y Alemania — con el objetivo de estimular y acelerar el advenimiento de una futura edad de oro democrática y humanitaria. Por no hablar de las rapiñas y los saqueos, desvergonzadamente legalizadas por los sedicentes parlamentos compuestos, casi exclusivamente, por los mismos ladrones callejeros, o tácitamente acelerados y alentados por gobiernos llamados populistas que continúan proliferando en Polonia, Rumanía y otros lugares abandonados a la anarquía política y mental, con el objetivo de satisfacer los ávidos instintos, rapaces e insaciables, de las poblaciones rurales. Éstas son, beatíficamente idolatradas y aduladas por una demencia patriótico-democrática de un género particular, cuya noción de patriotismo resulta confusa con el culto fetichista e histérico del campesinado ignorante, grosero y analfabeto.

Ni tan siquiera hablaremos de las crisis económicas y sociales que obstaculizan el camino de las naciones occidentales, provocando ruinas, miserias y bancarrotas, y amenazando con complicaciones más graves, susceptible de llevar a otras guerras y revoluciones. De hecho, no haremos alusión a las huelgas nefastas, las relaciones caracterizadas siempre por una mayor envidia y odio que transcurren entre clases y naciones, entre patrones y obreros privados de toda moral, entre señores y siervos insaciables y libertinos. No mencionaremos las dificultades causadas por las administraciones desequilibradas, de la caída de toda soberanía frente a los halagos de la demagogia democrática, ante el colapso de cualquier dignidad moral y de todo respeto debido y merecido. No haremos referencia de los inconvenientes —relativamente menores, si bien económicamente desastrosos— como el caos de los cambios e intercambios, de las aduanas multiplicadas hasta el infinito, de los pasaportes, las restricciones, de las innumerables formalidades que impidieron el comercio y los libres movimientos de los individuos, que hacían difícil los más pequeños desplazamientos, las desconfianzas de todos hacia todos, a menudo necesaria y legítima, pero muchas veces como pretexto ante los despotismos y abusos hacia los menos astutos.

Nunca terminaríamos si tuviésemos que enumerar las ventajas de todo tipo derivadas de las destrucciones en masa y los sabotajes legalizados de la propiedad privada, completadas por instituciones encargadas de su protección —hasta las expoliaciones fiscales y vejaciones, en apariencia más leves, hacia los individuos— lo que nos ha procurado esta gloriosa emancipación del género humano acontecida en beneficio de unos pocos a través de los grandes principios de la democracia. Ante su funesta y absurda demencia habíamos pagado el precio de centenares de millares en moneda contante y sonante y de quince millones de muertes crueles en guerra. Todo esto significaba el advenimiento del paraíso cuya aurora esplendorosa nos había sido prometida para un mañana que huye siempre más lejano, y que continuaremos esperando con una paciencia admirable con la mejor de las suertes. Como desprecio hacia las más duras recaudaciones e innobles desilusiones, continuamos obstinadamente renovando la demencia de nuestra confianza en los incontestables beneficios e infalibles panaceas del principio democrático.

No hemos llegado a vencer la tentación de hacer esta breve digresión, porque es inconcebible leer y escuchar a los hermanos carnales o espirituales de estos inmundos energúmenos, que son los los centros y motores evidentes o invisibles de los cruentos escándalos sin precedentes que ocurren en nuestra época: los infames individuos que tienen la increíble audacia de condenar todavía hoy —con escritos y discursos de rebelión ante un auditorio compuesto por las mismas víctimas inconscientes— las ya lejanas irregularidades del feudalismo medieval ¡tan anodinas e ingenuas en comparación!

Por parte de los libre pensadores que, más o menos, son abiertamente simpatizantes o tolerantes ante el régimen bolchevique de Moscú y sus varios derivados o sucedáneos, se atreven —hoy— a asumir aires de virtuosos y sensibles puritanos y a adoptar una actitud de devoto desdén hablando de Caterina de Medici, María Tudor, el Duque de Alba o Torquemada: lo cual ya me parece el colmo de la extravagancia desvergonzada ante su irónica infamia y farisea hipocresía.

De modo que me permito enfrentar cifras y datos estadísticos concernientes a dos épocas distintas de la historia: aquella de las más densas tinieblas del Medievo, y aquella de la fulgurante luz democrática, que rodea, da calor y nos ilumina a nosotros, afortunados hijos del progreso: nosotros que hemos tomado la Bastilla y el Kremlin, que hemos visto asesinar y humillar a tantos tiranos, aristócratas y reyes, y aflorar en su lugar a tantos liberales e igualitaristas multimillonarios, capitalistas o ex-anarquistas — para acelerar la marcha de la justicia y la libertad para la liberación del espíritu humano.

Espero que la comparación de estas cifras, tomadas, lo repito, de fuentes contrarias a mi tesis, sean lo suficientemente elocuentes para formar al lector y empujarlo a examinar de la manera más imparcial, y menos sectaria, las irregularidades y errores a los que yo no quiero contestar, pero que, en mi opinión, representan intrínsecas carencias cualitativas del feudalismo medieval: no imputables a las instituciones patriarcales y familiares, ni al modelo cristiano de la familia, sino a la naturaleza humana decaída a causa del pecado original y, por ello, siempre inclinada al mal — hoy como ayer y mañana. Siendo éste el mal sustancial insanable e inevitable como innumerables ejemplos lo demuestran frente a las utópicas divagaciones desmentidas por la experiencia cotidiana, nosotros no tenemos ningún derecho moral para desacreditar una época juzgándola según un criterio sin perfección alguna, cuya falsa utopía nos promete, sin darnos cuentas ni garantías, la quimérica realización de un hipotético devenir siempre más remoto. Un simple deber de equidad nos impone, por el contrario, compararla sólo a otra época realizada con igual concreción en el ámbito histórico: sólo desde el acercamiento de estos dos planos de la historia y de sus costumbres, nosotros podremos inducir y deducir una justa y serena valoración, y en la medida en la cual ellas han sabido limitar lo nocivo e inevitable del mal, nosotros podremos concluir en la superioridad o inferioridad de sus valores típicos.

El sistema feudal

Hasta este punto, solamente hemos examinado las bases del sistema, constituidos por la familia natural, en la cual el padre es al mismo tiempo rey, sacerdote y señor; del taller o la familia profesional, cuyo maestro ejerce la misma función hacia los «compañeros» y aprendices; desde el castillo, donde el señor reina sobre la servidumbre, sobre los compañeros de armas, los artesanos fabricantes y los campesinos que cultivan los campos circundantes, sometidos a la misma autoridad.

Hemos puesto de relieve cómo en estas condiciones el poder real se confunde, al menos en teoría, con la dignidad paterna y familiar. Esto ya es algo notable y representa un progreso, no sólo respecto a la Antigüedad pagana, sino también respecto a aquellas relaciones fundadas exclusivamente sobre la oferta y la demanda, que hacen de la sociedad moderna una máquina despiadada e inhumana.

El patrimonio del señor formaba una gran familia, demasiado grande para estar perfectamente unida, y un pequeño Estado, reducido a las relaciones de intercambio de bienes reales y auténticos, relaciones que permitían la prosperidad común, garantizada por el tributo del sudor, y la seguridad asegurada por el tributo de la sangre. Estos elementos, con el añadido de innumerables complicaciones para los más inútiles, constituyen hasta nuestros días la verdadera razón de ser de aquella entidad que nosotros llamamos Estado.

Casi se trataba de la molécula o célula del sistema feudal. El núcleo era la casa del señor, también su familia, compañeros de armas y servidores. Las partículas que gravitaban en su entorno eran las familias de los campesinos directamente sometidas en virtud de leyes que hoy podrían parecer inocuas, pero que en aquella época representaban un verdadero progreso, en el sentido «liberal y humanitario» respecto al pasado: especialmente si tomamos en consideración, como es justo hacer, no los abusos inherentes a cada poder humano, sea cual sea, sino al espíritu de benevolencia y de recíproco servicio que la concepción cristiana había puesto como fundamento de esta institución.

La mutua necesidad constituía la fuerza concéntrica que mantenía estos satélites tributarios en la órbita de su centro gravitacional y componía el equilibrio intermolecular de este embrión y esta unidad de la sociedad medieval: de hecho, ella no podría haberse gobernado en equilibrio de no haber sido por las partículas singulares que la constituían.

Los arquitectos afirman que los edificios más armoniosos en sus proporciones no son solamente por este hecho los más bellos, en relación al placer estético que proporcionan, sino también los más sólidos y funcionales respecto al objetivo al cual están destinados, y por ello los mejores y más duraderos. Con el fin de que un edificio se corresponda con tales exigencias, es necesario que una sola mente haya presidido en cada detalle de la construcción, desde los cimientos hasta el tejado: y esto es lo que sucede en el caso del edificio feudal, realizado en purísima unión con el principio monárquico, no solamente en su coronación, sino desde la base hacia lo alto en cada particular de su estructura.

El principio monárquico es el principio familiar y patriarcal del *pater* y de los *seniores*, principio extendido a la comunidad considerada como una ampliación de la familia, porque la función real (así como debía ser antes de ser virtualmente suprimida por las invenciones constitucionales) reunía en sí misma el poder legislativo, ejecutivo y judicial poseído, ya fuese por el padre celestial como, en las familias primordiales, por el padre terreno. El régimen feudal consistía en una especie de estratificación jerárquica de monarcas, que asumían títulos diferentes, pero que eran investidos de poderes realmente soberanos, tal y como se preveía según la idea monárquica como principio patriarcal de autoridad, continuidad, legitimidad y derecho dinástico. Esta era la realización perfecta de la monarquía integral en cada grado de su escala jerárquica, penetrando en sus instituciones y con su espíritu en el sistema paneuropeo y pancristiano en sus más mínimos detalles: desde la base hasta el vértice, desde la familia hasta la Santa Sede y el Imperio. Solamente quedaba éste último como un proyecto delineado, sin alcanzar nunca en su completa realización, en las líneas soñadas por el ideal arquitectónico del Medievo.

Hasta ahora habíamos hablado de los señores feudales: verdaderos patriarcas y reyes en sus dominios, ellos poseían la totalidad del poder en sus territorios y sobre sus súbditos — lo que no significa que tal poder fuese inapelable, sino que tan solo venía dividido en poder legislativo, ejecutivo y judicial. ¿No es quizás un padre un legislador, ejecutor y juez al mismo tiempo? Y sí, en la mayor parte de los casos, él gobierna y juzga equitativamente, ello no es debido solamente a la circunstancia de ser bueno por su naturaleza, sino al hecho de que, por lo menos, a grandes rasgos, tiene todo el interés en mantenerse justo e imparcial. Exactamente como el interés fisiológico de un ser humano es aquel de preocuparse, en la misma medida, de todas las partes anatómicas del propio organismo, si bien en diferente medida, según la sensibilidad y necesidad de los distintos órganos, porque cada uno de ellos dirige una función necesaria para mantener la salud, el bienestar y la seguridad del mismo cuerpo.

La gran sabiduría de las instituciones consiste, precisamente, en hacer coincidir, dentro de los límites de lo posible, la moralidad con el interés, en establecer entre los hombres un sistema de recíprocas relaciones, en el cual la justicia y la bondad lleguen a ser los elementos más beneficiosos, en hacer la mínima asignación sobre la eterna e inextinguible ilusión de las pretendidas cualidades innatas del corazón humano. Con el pretexto de poner freno a la injusticia y a la perversidad, los modernos legisladores han buscado, por el contrario, hacer coincidir el solo interés de los hombres. Pero como es imposible la espontánea y general regeneración de la naturaleza humana, en virtud de la promulgación de decretos, no podíamos esperar cosechar otra cosa que la inmundicia donde hoy nos hallamos.

El Medievo ha sabido evitar estos errores, creando un ordenamiento jerárquico de puntos fijos en los cuales venía a asirse la armadura política y social de cada plano del edificio. Cada uno de estos puntos vitales fue dirigido como una unidad, en una espiral ascendente, en lo sucesivo: de forma que lo dominaba y lo controlaba, y así hasta el vértice donde estaba situado el derecho divino —la omnipotencia de Dios— como ya hemos explicado ampliamente, la realización de la ley divina, la única que constituía la Autoridad objetiva, de la cual derivan todas las demás.

Sin embargo, cada uno de estos puntos, no participaba solamente de forma indirecta en la Autoridad Suprema, mediante un derecho que les era conferido a través de la investidura, o con una serie continua de investiduras: en tal caso habría sido algo similar a un gobernador, permaneciendo como una criatura de condición superior. En su lugar, participaba desde el justo y legítimo derecho dinástico, que hacía de él un soberano autónomo y el señor temporal y permanente del castillo y del territorio, subordinado —y como tal por ellos controlado— solo por el señor superior a él, cuya autoridad venía ejercida con mayor intensidad y su área era más amplia, pero también en las mismas condiciones, porque éste último dependía a su vez de otro señor de rango superior y más poderoso que el suyo.

La investidura era la confirmación del derecho de nacimiento, no un nombramiento arbitrario: sin embargo, pudiendo ser ésta revocada y representaba por ello la consagración del derecho de control procedente desde lo alto. Este derecho de control del soberano sobre su vasallo, derecho que constituía el armazón del sistema feudal, no habría resultado funcional si el soberano no hubiese poseído, en caso de necesidad, la fuerza necesaria para hacerse respetar. De modo que era el soberano, personalmente, el señor más poderoso en los territorios sobre los cuales ejercía la propia soberanía. Sus bienes personales, sus territorios, el castillo, el número de guerreros y súbditos, eran más considerables que aquellos de cualquier otro señor vasallo y, a menos que todos aquellos o la mayoría de ellos se alzasen unidos contra él, éste se encontraba en condiciones de reprimir toda veleidad de rebelión.

Como cada señor —al cual le venía dado el título de barón en Francia e Inglaterra, de «*freiherr*» o señor libre en Alemania— reinaba sobre los caballeros, sobre los propios compañeros de armas, sobre artesanos y campesinos (sobre la propia fuerza de ofensa y de defensa, y sobre la propia economía industrial y agrícola) así el soberano —al cual le venía dado el título de conde, marqués, *graf*, *margraf* o *margravio* y *landgraf*— reinaba en cualidad de «*primus inter pares*», como un líder federal sobre la federación de los propios vasallos. Él no era solo un líder en periodo de guerra, cuando ellos se reunían bajo su bandera, con sus respectivos ejércitos, sino que le debían fidelidad según el código caballeresco — era el juez y árbitro de sus controversias, poseyendo, en general, una potencia suficiente como para hacer efectivas sus sanciones.

El término «conde» procede del latín «*comes*» y en origen designaba a un funcionario romano que administraba la justicia. Aquellos cuyos territorios se extendían hasta los confines del reino y constituían su avanzadilla, siendo el más inmediato contacto con el enemigo presente o futuro resultaban militarmente más poderosos por el hecho de que la necesidad potencia el instrumento. Ellos eran entonces llamados margraves o marqueses, de «marca» o margen. Los unos como los otros no eran vasallos directos del duque, del latín «*dux*», comandante de armadas o «*herzog*» (que en alemán tiene el mismo significado) o del príncipe, del latín «*princeps*», «primero», «principal» (en alemán «*fürst*»; la misma etimología que se conserva en el término inglés de origen germánico «*first*»). Éstos últimos eran los grandes vasallos que a veces se rebelaban frente al rey. En la práctica, la jerarquía feudal se detenía ante el rey coronado por la autoridad espiritual por ella investido así como por una especie de sacramento o «carisma» política. En teoría, y por el contrario, en el verdadero espíritu del Medievo, esta jerarquía debía extenderse a toda la cristiandad, y no permanecer decapitada en el vértice de la pirámide, en lo que respecta al Emperador, heredero nominal de los césares romanos y colaborador en el orden temporal del Papa.

Nosotros encontramos aquí el punto vulnerable del feudalismo, en este «techado incompleto», cuya falta casi total de funcionalidad ha permitido a las lluvias y la humedad de la historia que se disgregue en el devenir de los siglos el admirable y armonioso cimiento de cemento, edificado por el genio cristiano. Sin este imperdonable error de construcción, la estructura habría podido desafiar a un segundo milenio, y nosotros estaríamos todavía protegidos en aquellas venerables ocasiones.

Está fuera de duda que el ideal medieval exigía para la cristiandad un jefe supremo y temporal y, al mismo tiempo,un jefe supremo espiritual. No debemos olvidar que en el momento en el cual el Imperio romano entraba en colapso con la invasión de las hordas bárbaras, no existían todavía las naciones, ni los sentimientos nacionalistas tal y como los concebimos hoy. El error grosero de muchos ignorantes e incluso de muchos estudiosos, es aquel de ver estas épocas pasadas con los ojos de hoy, y ver en Clodoveo o Dagoberto a los predecesores de Luis XIV.

El mundo cristiano constituía un conjunto donde todavía no habían intervenido las divisiones verticales de las nacionalidades, estando presentes en su lugar las varias divisiones horizontales marcadas por distintos estratos sociales. Solamente en las clases más bajas, a menudo todavía bajo la idolatría, se hablaban distintos idiomas y dialectos: aquellos de los Francos, por ejemplo, de los Anglos, de los Sajones o los Visigodos. En las clases más elevadas, las únicas políticamente existentes y conscientes, eran el latín y el romance, la lengua paneuropea, las que ocupaban el primer lugar. ¡Esto precedía en muchos siglos a nuestros tímidos «*volapuck*», al «esperanto» y la Sociedad de Naciones! Estos proyectos en los que nuestros hombres políticos no se arriesgan, y los que probablemente no llegarán nunca a realizar, prácticamente se habían alcanzado en el Medievo.

¿Quién no se sorprende, por ejemplo, juzgando en función de la restringida mentalidad actual, el hecho de que el sometimiento del *Parsifal* —vieja leyenda germánica, modernizada e inmortalizada por segunda vez por el genio de Wagner— se dirige a Inglaterra, al lugar donde surge el Monte *Salvatch*, el lugar del Sagrado Grial?

Igualmente, en torno a la paternidad de la leyenda del rey Arturo y su mesa redonda, de Carlomagno, de Rolando etc, viene reivindicada por esta o aquella nación, porque en aquella época no existían todavía las nacionalidades, sino solo un internacionalismo cristiano, una catolicidad en el sentido etimológico de la palabra.

El sistema feudal era, justamente, un sistema federal que permitía a las comunidades humanas aquella descentralización en la cohesión, aquella diversidad en la unidad, en vano deseada por los pueblos modernos, castigados por una burocracia infinitamente más corrupta y rapaz, y desde una demagogia enormemente más voraz y corrupta de cuanto lo fuesen, tomados en su conjunto, todos los prelados y señores del pasado. De hecho, aquellos tenían el tiempo, o sea a la historia, ante sí. No alimentaban entonces interés alguno por matar a la gallina de los huevos de oro, mientras que los burócratas y demagogos actuales pasan como langostas por los territorios que infestan y, apenas saciados, desaparecen en el anonimato de la noche, dejando paso a nuevos enjambres y multitudes que se apresuran a hacer lo mismo, porque el tiempo es oro y a ellos les pertenece solo el presente. Solamente esto, el presente, es cierto y seguro: el resto, lo que se refiere a la continuidad política y el devenir de la entidad social, no cuenta para estos individuos que no poseen pasado, ni futuro, ni tradiciones, ni antepasados — ni padres que les hayan dejado un legado, ni hijos que les sucedan.

Aparte del ultra-aristocratismo de uno, y el ultra-democratismo del otro, se podrían encontrar puntos de contacto entre el sistema feudal y el sistema federal vigente en los Estados Unidos y los dominios británicos, encontrándose en la base de ambos la misma descentralización y las mismas autonomías regionales.

El presidente, el congreso y el senado federal de la unión estadounidense, canadiense o australiana se ocupan, de hecho, únicamente de los problemas de orden general —en primer lugar del ejército y de las relaciones con el exterior— y no se inmiscuyen, por así decirlo, en los asuntos (ni tan siquiera en aquellos más importantes) de los Estados y las provincias, dirigidas casi soberanamente por

los gobernadores, por los congresos y los senados elegidos en plena
independencia respecto a estos estados. Del mismo modo, las autoridades responsables de éstas últimas mantienen la más rigurosa
neutralidad hacia aquello que hacen y deciden los poderes constituidos por las municipalidades y comunidades en el ámbito de su específica actividad interna. Igualmente actuaban los monarcas feudales
en las relaciones jurídicas con los duques y los príncipes vasallos, así
como a su vez estos duques y príncipes se comportaban respecto a
los otros nobles, que eran señores hereditarios en sus dominios con
el mismo derecho dinástico que el rey, sin depender de su autoridad
sino para cuestiones particulares de orden e interés general. Tales
cuestiones, en el siglo XII, eran las mismas que existen en las grandes democracias federales del siglo XX, con las fuerzas armadas y
la política exterior en primer plano.

La diferencia reside en esto: el fundamento de uno se encontraba
en el principio dinástico y la tradición histórica, mientras que en
la base del otro está el principio electivo, la funesta ficción de la
soberanía plebeya de las masas descompuestas, la corrupción de
sus rufianes, seductores, corruptores, agitadores e instigadores. Tal
vez, si en el pasado se ponía en juego la religión y el honor por
fines egoístas y fratricidas, ¡cuántas más veces y con un espantoso
número de homicidios se engaña hoy en nombre de la pretendida
libertad e igualdad, en nombre del humanitarismo, de la justicia, de
los derechos del hombre y de los pueblos!

Hay todavía otra diferencia: en las repúblicas federales modernas
no existe, o al menos resulta mínima, la «razón social» perteneciente
justamente al poder supremo y, con ello, otorgándole la fuerza —es
ejemplo de ello el distrito de Columbia, con capital en Washington,
o pequeños territorios similares de Canadá o Australia—, mientras
que en el Medievo el soberano —duque, príncipe o rey— era, ya fuese
a título personal o por derecho hereditario, el más poderoso de sus
vasallos, y se revelaba como el más fuerte para estar en condiciones
de someterlos o desautorizarlos en el momento en que se rebelasen
contra el derecho que su soberanía representaba.

Los legisladores medievales —tan despreciados como retrógrados según las mentes iluminadas de nuestros contemporáneos y, frecuentemente, acusados de oscurantismo, ignorancia o ceguera— eran infinitamente menos ciegos e ingenuos que nuestros detractores actuales porque, no estando intoxicados por las funestas divagaciones de la escuela de Rousseau, no hacían locuras en sus aseveraciones, ni en sus constituciones, sobre la perfección originaria de la naturaleza humana, ni sobre las inclinaciones naturales del hombre hacia el derecho, el respeto, la justicia y el bien. Para esta pobre criatura decaída y privada de sabiduría ellos alimentaban la escasa confianza que ésta merecía y, en consecuencia, tomaban todas las precauciones indispensables para limitar las irregularidades, excesos y contradicciones.

Entre estos legisladores, definidos como fanáticos e ignorantes, y aquellos de nuestro pretendido progreso, la diferencia es que éstos últimos, mientras que ven claramente en cada momento de la propia existencia, que la fuerza predomina sobre el derecho, repiten a continuación como los papagayos la lección aprendida de memoria: que esto no debería ocurrir en el siglo XX, que debería ser el derecho el que predominase sobre la fuerza. Por el efecto de tal voluntaria o involuntaria alucinación, éstos se empeñan en construir con grandes derroches sus estructuras políticas, económicas y sociales sobre el valor de esta proposición, claramente absurda y desmentida con tanta evidencia — como ha demostrado no solamente la experiencia histórica, sino también nuestras experiencias personales diarias. En sus elucubraciones sociológicas e ideológicas, éstas insisten en promulgar leyes adaptadas al hombre, no como es él, sino como consideran que debería ser: lo que demuestra la perfidia de cualquier individuo y la evidente obtusidad de la mayoría

Cuán sabios y previsores, con sus elementales facultades inductivas y deductivas, eran aquellos hombres supersticiosos e ingenuos que creían en los milagros evangélicos, pero no en el milagro político y social: que creían en la Divina Providencia, pero no en el «Deus ex machina» del siglo XX, ¡ni en el Pentecostés democrático! Su superior previsión se fundaba sobre el conocimiento del corazón humano, que ellos veían como realmente es — ¡no reflejado en los espejos deformados de los laboratorios humanitarios e igualitaristas! De hecho, ellos sabían que, como son necesarias las presas para contener la ciega impetuosidad de las aguas, del mismo modo son necesarios lo frenos para dominar los instintos brutales del hombre.

Es necesario poner la fuerza al servicio de las élites que ofrecen mayor garantía de estabilidad, seriedad y coherencia, si se quiere que la justicia sea custodiada eficazmente contra los elementales vaivenes de las masas irresponsables y privadas de conciencia. Más allá, con el fin de que estas mismas élites —humanas, y por tanto imperfectas— no abusen de tal derecho, es necesario que éste coincida, en la mayor medida de lo posible, con los intereses y la razón del ser social. De tal forma, viene a formarse, como en la contabilidad, un registro de «ganancias y pérdidas», se salva lo salvable, y entre los males inevitables, se eligen los menores: aquellos cuyas consecuencias son reducidas a las menores proporciones por efecto del pequeño número de responsables, de sus cualidades morales e intelectuales, de la selección y el interés generalmente contrario al mal por parte de aquellos que estarían en condiciones de cometerlo. Se elige el mal menor, en lugar de correr como locos a través de las arenas movedizas y los pantanos cenagosos, persiguiendo el fantasma de una humanidad improvisadamente transfigurada por la virtud sacramental de cualquier decreto democrático, con la esperanza de fundar un reino de Dios sin Dios, pero bajo el cetro del diablo y sus ministros.

Para contener de la forma más eficaz el mal inevitable, los legisladores medievales habían subordinado a las mismas élites a la disciplina de otras élites, cuyo interés, en la medida que ellas se elevan y se aproximan al vértice, siempre se ponían más de acuerdo con la colectividad que éstas élites representaban. De tal modo, toda la estructura medieval resultaba formada por una estratificación de élites, una estratificación de autoridades patriarcales — interesadas, al menos tendencialmente, por el bienestar del mayor número posible de familias. De tal modo, que en la pirámide política y social la autoridad competente poseía la fuerza necesaria para hacer respetar el propio derecho, que constituía parte integrante de la totalidad del ordenamiento social, con aquello necesariamente solidario. Así, solamente en caso de guerra contra el enemigo externo el poder del rey se apoyaba en aquel de los duques y los príncipes: excepto en este caso, él poseía una verdadera potencia propia, suficiente para calmar a aquellos que se hubiesen olvidado de gobernar el ducado en virtud de una investidura real, a cambio de la cual debían obediencia y fidelidad. Lo mismo aplicaba el duque, el príncipe y cualquier otro señor en la relación con sus vasallos.

Nosotros vislumbramos en todo esto al genio práctico del cristianismo, el cual, justo por el hecho de ver a la humanidad desde lo alto, como una gran ciudad que se extiende a sus pies, la ve tal cual es ella en sus dimensiones reales —también con sus imperfecciones, posibilidades y límites— y por esa razón se encuentra en condiciones de trazar en el tiempo y el espacio un plano racional y práctico. Éste sabe, no basándose solamente en la fe, sino en la experiencia sobre todo, como el bien absoluto es inaccesible para este mundo, o como todo aquello que puede hacer un legislador humano es sustituir un mal por otro mal menor.

Por eso, a los millones de hombres que mueren ahora en las guerras, llamadas nacionales, corresponden a los millares de voluntarios muertos en las guerras medievales porque amaban el combate y habían hecho de éste su oficio. A los millones de víctimas de las guerras modernas, a los millares de víctimas de los orgullosos señores y fanáticos religiosos, a las miríadas de langostas surgidas de los regímenes democráticos, que actúan como enjambres en el pesebre, haciendo desaparecer el dinero público y privado, en una orgía de lucro, de especulaciones, usuras y fáciles carreras, que conducían al encuentro de las envidias con los apetitos exagerados —pero necesariamente limitados por las dimensiones y el número de los estómagos— de los vasallos controlados por los señores, o de los señores ocupados en su cuidado, si es necesario, en la humanidad de sus vasallos.

Pero si el genio cristiano, por el hecho de mirar a la humanidad y a la historia desde lo alto, como si se tratase del plano de una ciudad, está en condiciones de actuar con prevenida sabiduría y con la sencillez de miras imposible para el hombre perdido en un calle-

jón de esta ciudad y aturdido por la masa vociferante, este método
presenta, sin embargo, en el conjunto de sus grandes cualidades al
menos un defecto: Se trata del hecho inevitable de tener que preocuparse de aquellas numerosas imperfecciones que pueden verse solo
en el vecino, cuando se respira el olor acre del sudor humano; que no
se puede cosechar mirando a lo lejos o a lo alto, y que la sabiduría
impone sacrificar con el mal menor para salvar lo salvable, en vistas
de aquel bien supremo anhelado en el plano general. De hecho, si
se comprobase lo opuesto, sería el más grande el que debería sacri-
ficarse al más pequeño, con el pretexto falaz de extirpar todo mal
y perseguir el espejismo de un bien absoluto: es aquello que sucede
justo en nuestros días, especialmente con la falsa demagogia.

La vida política y económica en el Medievo

E<small>L</small> feudalismo ha comprendido y resuelto el problema económico con aquel buen sentido y buen juicio que todavía hoy caracteriza a los raros hombres justos, simples y rectos: sin todas aquellas fórmulas obtusas, cuyo enredo buscado, pseudo o ultra-científico, impide a nuestros contemporáneos más cultos, y a menudo mejor intencionados, vislumbrar la evidencia de los hechos en su natural sucederse de causas y efectos.

Nuestros antepasados tenían una instrucción inferior a la nuestra, pero poseían aquella certeza a la que nosotros ni tan siquiera nos acercamos con nuestras verdades de perogrullo. Ahora, justo a causa de esta deficiencia de rectitud mental e intelectual en la valoración inmediata de la realidad, más bien evidente, el problema aparece ante los ojos de nuestra generación, saturada por la contemplación de valores abstractos como una especie de cuadratura del círculo.

La economía es la ciencia —debemos usar justo esta palabra— que se ocupa de las necesidades de nuestra naturaleza física, cuya complejidad se agota en un único término aparentemente más científico: el consumo. Entonces nos interesa saber si ella es justo esto y no otra cosa.

Ante las expectativas despertadas por Malthus en aquellos que no tienen otros motivos de los que preocuparse (ni se dan cuenta de que tales problemas no asumirían, por mucho tiempo todavía, mayor importancia que aquella que habían tenido ocupados a nuestros abuelos), nosotros solamente podemos responder que la naturaleza ha puesto a nuestra disposición todos los elementos necesarios para satisfacer todo nuestro consumo y todas nuestras exigencias. Sin embargo, como estos elementos no los encontramos preparados sobre nuestra mesa y armarios, sino en estado natural —en la tierra que nos alimenta, apoyada en el sol que nos calienta, nos ilumina y fecunda a nuestra tierra— nosotros, para disfrutarlos, debemos a su vez colaborar con la gratuita magnificencia del Creador mediante el trabajo.

En nuestra indispensable colaboración podemos distinguir tres fases: la extracción del suelo y el subsuelo —aquella directa, relacionada con los minerales y los vegetales, y aquella indirecta, relacionada con los animales— de los productos más o menos útiles para nuestra existencia y bienestar; la transformación de estos elementos, con ayuda de la física, la química y la mecánica, en los más variados y refinados productos, siempre más necesarios ante las exigencias del hombre civil. Las primeras dos fases se llaman agricultura e industria: tomadas en su conjunto éstas constituyen aquello que se define en la producción. No podría haber consumo sin producción, ni producción sin trabajo, pero el trabajo no representa un fin, sino un medio para la producción, así como la producción no constituye un fin sino un medio en relación al consumo: solamente éste último es un fin en sí mismo, no un medio, y por esa razón se identifica con la necesidad o, al menos, con la utilidad. Ya que los productores son consumidores y, a menudo, el ámbito de producción de cada uno de ellos no suministra todos los artículos necesarios para su consumo personal, en lugar de reducir el consumo conteniéndolo en los límites de la producción directa, ellos han considerado beneficioso intercambiar con sus respectivos vecinos aquello que poseen por aquello de lo que carecen. Con esta tercera fase parece entrar en juego un nuevo factor, pero solamente en apariencia.

Hasta este punto, hemos asegurado que la producción persigue como único objetivo el consumo personal del productor. Ahora debemos añadir que, si bien el productor consume productos que él no está en condiciones de producir, a causa de la falta de elementos o actitudes, para satisfacer las propias necesidades él debe aumentar la producción hasta el punto de poder intercambiar el producto superfluo por aquello de lo que tiene necesidad. Sin embargo, esta superproducción se revela como algo aparente: considerado en su conjunto el término de proceso de intercambio, éste se relaciona con el mismo principio de la producción, es el medio respecto al cual el consumo es el fin, y no al revés. Los géneros no consumidos directamente por el productor, pero producidos en exceso con el fin del intercambio, toman el nombre de mercancías. El valor de mercado de los artículos intercambiados resulta natural y automáticamente regulado por el requerimiento de los mismos — lo que viene a denominarse, en el lenguaje económico, la ley de la oferta y la demanda. El trabajo, siendo éste también una mercancía, no puede escapar a esta ley automática de la naturaleza de las cosas, a menos que violente el orden general, violencia que tiene consecuencias en todo el engranaje económico y que termina por recaer sobre aquellos que la han provocado. La razón de todo esto es demasiado simple y conocida, especialmente en esta época, en la cual constituye una evidente realidad por la cual no merece la pena perder el tiempo en explicarla.

El oro y la plata extraídos bajo la forma de mineral, de la tierra que se posee, y que a continuación vienen a transformarse mediante el trabajo en los talleres apropiados, representan también mercancía. Pero siendo su valor considerable en relación al volumen, éstos resultan, en consecuencia, la mercancía más fácilmente transportable y adaptada al intercambio: por esa razón los productores y los consumidores lo han destinado, de común acuerdo, a servir de «*trait d'union*» en los intercambios. Sin embargo, en la práctica parecen ser sinónimo de opulencia —porque normalmente se encuentran entre los amantes dispuestos a intercambiarlos por los artículos deseados— ellos son, en realidad, solamente los signos exteriores y convencionalmente aceptados de la riqueza, la cual consiste en el poder excedente del querer: en otros términos, en el beneficioso acuerdo entre el consumo general y la producción directa e indirecta.

Ahora bien, estos metales preciosos constituyen por sí mismos
solamente uno de los numerosos elementos de la producción, y uno
de los menos importantes del consumo. Lo mismo ocurre con el
papel, ordinariamente llamado dinero, título de bolsa, título industrial etc, el cual no representa otro valor a excepción de aquel de una
confianza relativa a la inspiración de una firma — tal valor, siendo
inevitablemente variable y pudiendo reducirse a cero, según el grado
de esta confianza. El oro, la plata y, con mayor razón, el papel son
entonces solamente factores auxiliares en la economía política, empleados por comodidad, no por necesidad. La economía no se ocupa
de los hombres sino de sus funciones. Un hombre puede no producir,
en el sentido visual de la palabra, no obstante él es productor en
la medida que su función es productiva. Tiene poca importancia si,
aparentemente, los hombres no producen: Sin embargo, cuando esto
sucede empiezan a convertirse en parásitos, aunque trabajen desde
la mañana hasta la noche, solo cuando sus funciones se revelen como parasitarias. La sociedad ideal no sería aquella en la cual todos
los individuos trabajasen sin descanso bajo la idea del trabajo, sino
aquella en la cual las múltiples funciones alcanzasen una completa
racionalidad en su rendimiento, en relación a la función principal; al
consumo, el cual —no nos cansaremos de repetirlo— no corresponde
a ninguna clase particular ni privilegiada, sino que constituye, en
la misma medida que las otras dos funciones, el atributo económico
de cada individuo y de la totalidad de la comunidad.

Si queremos comparar con imparcialidad los sistemas económicos de los siglos medievales con aquellos de nuestra época iluminada,
debemos empezar, ante todo, por eliminar, honestamente, todas las
contingencias extrañas a la esencia del feudalismo, con el fin de hace-
lo coincidir con éste sólo en términos cronológicos, sin poseer ningún
vínculo intrínseco con sus caracteres específicos, con su pensamiento
y espíritu. Ya hemos tratado uno de estos elementos contingentes:
la servidumbre, forma mitigada del cristianismo, de la antigua esclavitud, la cual, en los milenios anteriores a la época medieval ha
deshonrado al mundo entero — comprendidas las naciones refinadas,
civilizadas, democráticas y admiradas por sus mismos detractores.

Otra contingencia que tiene todavía menos que ver con el espíritu feudal, es representada por los descubrimientos científicos:
estos eran totalmente desconocidos para nuestros antepasados, y a
causa de su ausencia las posibilidades económicas resultaban en el
Medievo netamente inferiores respecto a aquellas de la época, en
la cual los detractores encarnizados del Antiguo Régimen tomaron
para gobernar el mundo.

Es cierto que la población ha aumentado mucho, pero los medios
de producción, aquellos con los cuales se provee su consumo y mantenimiento, se han perfeccionado y han aumentado en proporciones
más considerables con la aparición de las máquinas. En lo que respecta a las fuentes primarias de la producción, podemos sostener
que, en su complejo, continúan siendo un excedente respecto a las
necesidades efectivas y exigencias varias de la humanidad. Si en la
práctica se registra un sobre-excedente de tal complejo en comparación al pasado, sin embargo el importante incremento demográfico es
debido a las notables ventajas procuradas por los medios mecánicos
de transporte, así como por los rápidos medios de comunicación, extracción, utilización y valorización de los productos brutos del suelo
y el subsuelo, todo con el mínimo trabajo humano. Si el número
de bocas se ha cuadriplicado, lo mismo ha sucedido también con el
número de brazos: la introducción de las máquinas ha centuplicado,
en la práctica, el número de los brazos, mientras que el número de
las bocas solo se ha cuadriplicado. Entonces la relación es más que
ampliamente beneficiosa. Si bien, gracias a la enorme rapidez de
los medios de transporte y comunicación, una profusión de riquezas
ignoradas por nuestros padres —riquezas verdaderas, desconocidas
e insospechadas— permanecen disponibles en todo nuestro planeta
ante el apetito de un número de bocas relativamente limitado, en
comparación a aquel de los brazos multiplicados por medios mecánicos, físicos o químicos.

Hoy el hombre es así de rico —me refiero al hombre entendido en
sentido colectivo, al supuesto soberano que gobierna el mundo—, lo
es de tal modo,que si, bajo el cúmulo de las innumerables posibilidades de riquezas no explotadas, él se complace absurdamente en ver

morir de hambre a la persona más insignificante de sus miembros individuales, esto sucede porque él quiere que sea así, porque tiene manías suicidas, o porque él es un pésimo gobernante: infinitamente más incapaz en el ámbito económico de cuanto lo fueron durante el Medievo los príncipes menos dotados, los cuales no poseían ni tan siquiera la centésima parte de su preparación práctica, de sus posibilidades materiales y medios técnicos — y no podían entonces disponer de sus métodos.

En medio de estos formidables instrumentos de prosperidad, con un planeta entero que abre los brazos y les ofrece más espacio del cual pueden ocupar y más productos de cuantos puede consumir, éste hombre no ve otra posibilidad para sobrevivir que aquella de abrirse las venas y beber la propia sangre —en términos más simples, reaccionar con violencia contra sus iguales, como lo hacían los trogloditas— bajo el pretexto de que sin ello no habría nada que comer, prefiriendo verter ríos de sangre y de lágrimas antes que cultivar millones de kilómetros cuadrados de tierras incultas que nadie quiere sembrar. Entonces, estamos obligados a reconocer —aunque temblando de sagrado respeto hacia la divinidad del progreso humanitario— que este hombre colectivo, este soberano moderno con miríadas de cabezas no es solamente el más incapaz entre los gobernantes y economistas, sino también el más abominable y sanguinario de los tiranos y buitres con semblante humano, cuyo reino nefasto y fantasías homicidas han ensangrentado la historia.

No es difícil descubrir la inverosímil estulticia que preside la solución de todos los problemas, ya de por sí tan simples y fáciles de resolver. El hecho es que el interés de la mayor parte del género humano resulta un elemento preocupante a los ojos de aquellos que tienen voz en el cabildo: si bien pretenden ser los representantes de esta mayoría, en realidad ellos son solamente los tributarios de una restringida y organizadísima camarilla, cuyo interés particular, sin relación alguna con el bienestar general, se acentúa especialmente en el ámbito del crédito, de las especulaciones y de la gran usura, donde la falta de claridad y transparencia constituye el elemento preferible o preferido. Hasta el punto de que las ramas parasitarias —o en el mejor de los casos, simplemente auxiliares— de la economía política, se han convertido, a los ojos de la opinión pública intoxicada por una sabia propaganda, en el principio y el fin, en el medio y el objetivo, ¡en el alfa y el omega de la vida económica! Sin embargo nada es más falso que esto.

Nunca nos hemos preguntado por el motivo por el cual es suficiente, por ejemplo, una huelga de transportes para que el país entre en una profunda consternación y la gente turbada recorra las calles con aire festivo, como si hubiese comenzado el fin del mundo. Confieso que todo esto me suscita el mismo efecto que me provocaría un hijo de familia, el cual no soportase vivir sin su baño diario. Si una circunstancia del género es suficiente para reducir a la miseria a gran parte de la humanidad, esto constituye la prueba de que los modernos métodos económicos son fundamentalmente falsos. Si una operación de Bolsa tiene la facultad de arruinar, con sus múltiples repercusiones, a gente que nada tiene que ver con la Bolsa, como es el caso de la mayoría de los hombres, ello nos conduce a una prueba ulterior, porque bajo el perfil de una sana economía, la Bolsa resulta sólo un elemento accesorio (de lujo, y a veces por comodidad). Aquello que verdaderamente importa es que la producción se mantenga perfectamente equilibrada en relación al consumo: si cada cosa se encontrase en su justo lugar asignándole un orden natural, de acuerdo con la lógica, no deberían suceder verdaderos desastres, más allá de aquellos derivados de factores naturales o de la pereza de los hombres.

Se trata de un estado de cosas en el cual una ínfima minoría de obreros descontentos es suficiente para ocasionar repercusiones que arruinen a los trabajadores en sus más dispares áreas de actividad, es un hecho inadmisible en un organismo sano y equilibrado. Es absolutamente falso sostener que esto sea así, porque esta es una consecuencia del perfeccionamiento técnico de los métodos industriales: cada perfeccionamiento representa, por su misma definición, una «mejora», que no puede provocar, por sí misma, un desastre, cuya causa verdadera es lo contrario del abuso que viene dado por objetivos puramente egoístas.

Si el centro de gravedad permanece en la tierra, las invenciones científicas no pueden hacerla más fecunda con menos esfuerzo, y yo no veo entonces por qué éstas deben desplazar este centro de gravedad haciéndolo caer en la incomprensiones burocráticas. Esto en el Medievo se comprendía. Nosotros podemos imaginar fácilmente un sistema feudal modernizado, privado de los elementos contingentes, integrado en los perfeccionamientos que han tenido lugar en la agricultura y la industria, dotado de ferrocarriles, teléfonos, automóviles etc. Todas estas cosas son, en sí mismas, excelentes, con lo cual sería una locura obtusa y retrógrada el pretender hacerles la guerra. Ellas no son la causa si, en lugar del bienestar, ellas han proporcionado a la humanidad restricciones y miserias, llegando a engrosar en proporciones extraordinarias y gigantescas solamente el vientre de algunos millares de anónimos hombres de negocios.

Probemos a imaginar, en nuestra época, un gobernador o un prefecto que sea, por derecho hereditario, el único propietario de todos los bienes terrenales de su departamento. Los sub-prefectos sería también ellos, por derecho hereditario, sus grandes creadores, mientras los síndicos de la comunidad, serían creadores de los creadores. Finalmente los simples administradores serían los creadores del síndico, mientras que el prefecto lo sería respecto al rey — directamente, ante la ausencia de un gobernador general, e indirectamente, en el caso contrario. Entonces no habría más que un solo propietario auténtico; el rey, que resultaría el mayor de toda la nación bajo la esfera privada, el único bajo el perfil público. Los restantes propietarios terratenientes serían la creación de unos propietarios respecto a otros propietarios etc. Estos «derechos de potestad» pasarían a ser derechos imprescriptibles de propiedad, a condición del pago de determinados tributos y el desempeño de otros deberes de solidaridad. Más allá, estos poderes estarían bajo la voluntad de titulares inalienables e indivisibles: éstos se transmitirían en función del derecho de mayorazgo.

Todo el edificio económico asumiría, de tal modo, el aspecto de una estructura jerárquica compuesta por propietarios subordinados respecto a otros propietarios, y a su vez propietarios respecto a otros subordinados. Porque no se trataría de contratos de alquiler con una caducidad, sino que todas las relaciones se verían unificadas en el principio de herencia actuante entre las dos partes, siendo evidente que a lo largo de esta cadena de gobernantes y gobernados el interés resultaría idéntico; lo que constituiría un verdadero progreso respecto a los métodos de nuestra época, cuyo infortunio reside justo en la diversidad —a veces en la irreductibilidad— entre los intereses de aquellos que dirigen respecto aquellos que se dejan dirigir, por su propia cuenta, en el exclusivo interés de los primeros, para nada afines al interés general.

Aquello que apenas ha sido expuesto representa precisamente el principio feudal en su contenido intrínseco, mientras que el resto está constituido sólo por factores contingentes y extraños a su esencia.

En cuanto al moderno antagonismo entre los industriales y los terratenientes, es algo simplemente absurdo. ¿Cómo puede intervenir la divergencia entre dos elementos, de los cuales uno procede directamente y el otro indirectamente? Ésta ha podido ser introducida solamente por aquellos que no han retrocedido ante ningún absurdo, porque para ellos es necesario dividir para gobernar, y que, entre otras anomalías criminales, han concebido el divorcio entre la tierra y aquello que sólo puede provenir de ésta. Este divorcio, fatal para ambas partes, es necesario solo para los intermediarios que no pertenecen a ninguna de las dos y que, por el contrario, viven a sus espaldas: a los parásitos sociales, que el sabio Medievo había apartado de la sociedad, pero que actualmente se encuentran en los puestos de mayor prestigio y potencia. Y para sustraerse de la rapacidad que estalla con las revoluciones. ¿No ha sido quizás el Medievo muy astuto al eliminarlo de su sistema económico y no tolerar las estafas de la alta finanza, la enemiga de la verdadera riqueza?

¿El bienestar de nuestra sociedad no residiría quizás en una reestructuración económica sobre un modelo de feudalismo modernizado, fundado sobre la preeminencia de la tierra —suelo o subsuelo— de la cual derivan todas las riquezas auténticas?

Con esta exposición general he tratado de fijar, a grandes rasgos, la superioridad de la concepción económica medieval. En la fuente

de esta superioridad se encuentra simplemente la lógica y la razón:
un cierto orden interior —respecto al cual parecería que habríamos
perdido el secreto— sin el cual el orden exterior del mundo se hace
imposible. De hecho, es a partir del interior del hombre desde donde
podemos encontrar la procedencia tanto de las cosas buenas como
de las malvadas.

La doctrina cristiana había provisto de orden el espíritu medieval. El hombre sabía —porque él había dicho que «fuera de aquello
no había sino tinieblas»— que «una casa en la cual existe una dispu-
ta queda a merced de los ladrones». Sabía que para que cada cosa
estuviese en orden ésta debía ocupar su lugar: sabía que una estratificación jerárquica de valores políticos, económicos y sociales era
necesaria. El señor no puede ser siervo del propio siervo sin dejar de
ser el señor, e incluso cuando él se digna a lavarle los pies, debe hacerlo como señor. El rey puede ser servidor de una regla inmutable,
promulgada por el Rey de reyes, pero él no puede ser el servidor de
las disposiciones cambiantes de sus súbditos, y no quiere dejar de
ser el verdadero rey y representante del orden.

El espíritu medieval sabía —y no solamente como consecuencia
de las enseñanzas divinas, sino porque podía constatarlo directamente— que el hombre es una criatura imperfecta y decaída: de
modo que sus esfuerzos estaban destinados a frenar, en el límite de
lo posible, este fatal decaimiento, esta locura del hombre que el poeta germánico declara más terrible que las zarpas del león y el diente
del tigre — en lugar de buscar el despertar de la bestia adormecida,
tras su victoria sobre el ángel. El Medievo ha concebido la autoridad como solamente como tributaria de una autoridad superior, y
la autoridad soberana como subordinada a una Autoridad suprema
cuya ley permanecerá eternamente inmutable. Esto ha confiado la
sanción, la fuerza y las armas a una restringida élite de generaciones educadas para este fin: cuyo interés particular se identificaba
no solamente con el orden mismo, sino con el interés general. Si
para los siervos la situación era distinta, esto se explica por el hecho de que ellos permanecían excluidos del sistema feudal, así como
los esclavos estaban al margen de la polis griega y la *res publica*

romana. La esclavitud de la mitad de sus habitantes no impedía a Atenas, ser una verdadera demagogia al estilo moderno, mientras que aquella anónima y contemporánea representa simplemente una extensión hasta el primer grado de la escala, es decir, hasta el grado de comprender a los esclavos. ¡De hecho, los ferrocarriles y el cine no han cambiado sus específicos caracteres políticos y sociales!

Del mismo modo, podemos imaginarnos un feudalismo extensivo a los descendientes de los antiguos siervos e integrado en los descubrimientos científicos, de los que podremos disfrutar sus ventajas sin soportar sus inconvenientes contingencias — así como aquellos que todavía hoy continúan persiguiendo a Arístides, porque tiene fama de justo, puede dedicarse a similares juegos democráticos sin hacer resucitar la esclavitud, ni retornar a los medios agrícolas e industriales de la Hélade.

El Medievo, como todo aquello que deriva del espíritu del cristianismo, es un edificio armonioso y bien articulado, cuyo fundamento es la tierra y cuyo vértice toca el cielo — y no una especie de ser amorfo del cual no se distingue la cabeza de la cola, y viceversa. Los dos términos que lo sintetizan a todos los niveles de la escala jerárquica son, como hemos dicho, la autoridad y la obediencia. La autoridad del rey, del símbolo de la tradición y la santidad, del soberano, del señor, del obispo, del maestro, del padre, del legislador, el teólogo y, por encima de todo, la autoridad de Cristo y el testamento que éstos dejaron a la humanidad. Si bien las crónicas hablan de revueltas y de rebeldes, no fueron nunca, en efecto, unas revueltas, en el sentido que se les da hoy a esta palabra. Si se producía un levantamiento contra un soberano, en general ésta se producía porque existía la pretensión de que otro tuviese mayores derechos dinásticos para ocupar el trono — pero nadie contestaba el derecho de la legitimidad dinástica, y todavía menos aquel de la autoridad monárquica. Si se rebelaba contra un dogma, esto sucedía para refutarlo, porque se consideraba que éste no interpretaba de la forma más apropiada el pensamiento de Cristo — pero esto no representaba nunca un ataque contra la revelación cristiana.

Se atacaba a un rey, no a la realeza; a un Papa, no al papado;

a un obispo, no a la institución episcopal — y nadie se permitía el lujo de poner en duda los fundamentos políticos y religiosos de la sociedad medieval.

Todo ello porque en el Medievo existía una especie de hermandad cristiana que admitía sólo adversarios, no enemigos. Solamente un enemigo se conocía, en el exterior: el infiel, es decir, el sarraceno, el turco o el tártaro. El otro infiel, aquel interno, no contaba: se nos limitaba a despreciar este derroche de energía formidable e insospechada, dejando que la tarántula usurera, única detentora en el Medievo del espíritu de rebelión, concentrase y esparciese su veneno desde el silencio.

Biografía de Emmanuel Małyński

Figura 1: Emmanuel Małyński

EMMANUEL Małyński (1875-1938) fue un pensador y ensayista polaco que escribió en lengua francesa. Nacido en el territorio polaco bajo soberanía rusa, con la revolución rusa se vería obligado a abandonar su tierra de origen para emigrar a Francia. Sus orígenes familiares estaban relacionados con la aristocracia polaca y poseía el título de Conde. Entre todos sus escritos destaca *La Guerre Occulte*, publicado en 1936 en colaboración con su amigo Léon de Poncins, y que formaba parte de una obra monumental de mayor abasto que lleva el título de *La Mission du peuple de Dieu*. Sus obras fueron descubiertas por Julius Evola a finales de los años 20, generando un gran entusiasmo en éste último y motivando la traducción de las mismas al italiano. Posteriormente Emmanuel Małyński y Julius Evola colaborarían en Diorama Filosófico.

Se le puede considerar el padre intelectual de la denominada «teoría de la conspiración», según la cual todos los movimientos políticos, sociales o ideológicos de la modernidad, pese a las manifiestas oposiciones o contrastes entre ellos, no formaban parte sino de un mismo frente Subversivo y mundial erigido contra la Tradición.

Atribuciones de las imágenes

Hipérbola Janus

Otros títulos publicados

DISPONIBLES EN FORMATO FÍSICO Y DIGITAL

www.hiperbolajanus.com   hiperbolajanus@gmail.com

Julius Evola y la civilización del cuarto estado   *Ángel Fernández Fernández*

«Julius Evola y la civilización del cuarto estado» es el título del primero de los seis ensayos sobre metapolítica, tradición y filosofía que componen esta obra. En ellos, tomando la figura del pensador tradicionalista italiano como eje principal, se analizan y se comparan los puntos en común y las influencias de Evola con otros pensadores de renombre como René Guénon o el Maestro Eckhart. También se aborda la influencia que se le atribuye sobre la base ideológica de diferentes movimientos fascistas, haciendo especial hincapié en el falangismo español.

Los dos últimos ensayos están dedicados a dos pensadores tradicionalistas italianos poco conocidos en el mundo de habla hispana: Guido de Giorgio y Franco Freda.

Crítica a la modernidad   *Joseph de Maistre*

La revolución francesa supuso el colapso y fin definitivo de la sociedad del Antiguo Régimen. La sociedad estamental, la autoridad y soberanía del régimen monárquico absolutista y la primacía del poder religioso fueron cuestionadas. A medida que el viejo mundo iba quedándose atrás surgieron detractores y críticos que, desde la reacción y oposición furibunda contra el emergente régimen liberal, anticiparon las ideas, en fase embrionaria, que integrarían el discurso antimoderno en lo sucesivo.

La contrarrevolución antiliberal estuvo liderada por diversos autores, entre los que podemos destacar a Joseph De Maistre, cuya particular visión de la entrada del mundo en la contemporaneidad actual ha suscitado no pocos estudios y teorías por parte de destacados especialistas en la materia como Isaiah Berlin o Stephen Holmes. Su defensa a ultranza de la monarquía y la iglesia bajo los parámetros católicos y reaccionarios se vieron complementados por una concepción providencial de la historia. Dentro del universo Maistriano el pecado y la condenación convertían la vida humana en un asfixiante callejón sin salida, en un abismo sin fondo ni redención posible.

«El Tercer Reich» fue publicado por primera vez en 1923, dos años antes del trágico suicidio de su autor, diez años antes del advenimiento del nacionalsocialismo en Alemania, y cinco años después del final de la I guerra mundial que tuvo como consecuencia el colapso del II Reich del Káiser Guillermo II y el subsecuente nacimiento de la República de Weimar. De modo que es una obra concebida en una época de encrucijada entre dos mundos, uno que desaparece y otro que comienza a proyectarse sobre el futuro incierto y desolador en aquellos momentos.

Esta obra constituye un aporte fundamental, en términos ideológicos, conceptuales y terminológicos a la configuración de la idea del Tercer Reich —concepto que fue acuñado por primera vez por Arthur Moeller van den Bruck— y que debía ser dotado de contenido, según su punto de vista, desde una base Tradicional, fuertemente comunitaria y nacional. Evidentemente, el Tercer Reich que acabó tomando forma con la llegada de Hitler al poder nada tenía que ver con aquello que teorizó Moeller al concebir la presente obra.

El presente libro comprende una recopilación de artículos publicados por Arthur Moeller van den Bruck en un intervalo de nueve años, entre 1916 y 1925, periodo en el que se plantean numerosas transformaciones, tanto a nivel de la política alemana como de la europea, con dramáticas consecuencias, a las cuales no fueron inmunes los intelectuales de la época. Los artículos, escritos en un formato breve y conciso, fueron testigos de un segundo Reich en ruinas y una juventud desesperanzada que, bajo el concepto «jóvenes conservadores» se aglutinaron alrededor de la figura de Moeller van den Bruck, quién debía convertirse en catalizador de esperanzas y voluntades entre las nuevas generaciones de inconformistas.

Podríamos considerar este libro como el preludio de «El Tercer Reich», la obra más importante de Moeller van den Bruck, que recientemente ha aparecido también bajo este sello editorial.

«La Puerta Hermética», obra del Maestro Giuliano Kremmerz, salió a la luz en 1910 y desde entonces ha sido reeditada en diversas ocasiones pero solamente en italiano. Se trata de un tratado con indicaciones e instrucciones teóricas y prácticas para conseguir que el Adpepto realice la síntesis entre la materia y el espíritu, entre lo humano y lo divino. De hecho, lo que se conoce como Magia no son más que las ciencias de la naturaleza y del hombre, no vistas como elementos separados sino como una unidad esencial e indivisible.

«Hipérbola Janus» tiene el placer de hacer llegar por primera vez al todo el mundo de habla hispana el conocimiento de un divulgador de las «ciencias ocultas» de la categoría de Giuliano Kremmerz.

El Tarot y la filosofía fue publicada originariamente como una compilación de artículos que, obedeciendo a una lógica más argumental que cronológica, vio la luz por primera vez en el año 1944 bajo el título *I tarocchi dal punto di vista filosófico*, en Milán, y a cargo del grupo editorial Fratelli Bocca.

Dichos artículos, utilizando algunos de los arcanos mayores más significativos del Tarot (El Loco, Los Amantes y La Muerte), describe de una manera bastante particular, a modo de diálogo entre «El Loco» y el lector, cuáles eran las corrientes de pensamiento predominantes a principios del s. XX, especialmente marcadas por la herencia iluminista del s. XIX, la dos guerras mundiales y los nuevos descubrimientos acontecidos en campos tan diversos como la egiptología —con el descubrimiento de la tumba de Tutankamón—, la física —con la teoría de la relatividad de Einstein— y las doctrinas recientemente surgidas de carácter «orientalista», como la Teosofía de Madame Blavatsky.

En esta obra, Kremmerz, desde su perspectiva hermética, analiza y critica los dogmas impuestos tanto desde la religión como desde la ciencia e invita al lector a adquirir un punto de vista diferente que lo libere de las restricciones impuestas por tales visiones dogmáticas.

Hipérbola Janus

www.hiperbolajanus.com

www.ingramcontent.com/pod-product-compliance
Lightning Source LLC
Chambersburg PA
CBHW030436290526
45786CB00001B/306